Camilo José Cela Conde
Cela, mi padre

Camilo José Cela Conde

Cela, mi padre

EDICIONES TEMAS DE HOY

Primera edición: noviembre de 1989
Segunda edición: noviembre de 1989
Tercera edición: noviembre de 1989
Cuarta edición: diciembre de 1989
Quinta edición: diciembre de 1989
Sexta edición: diciembre de 1989
Séptima edición: enero de 1990

Las fotografías que aparecen en este libro han sido proporcionadas por el autor, y se reproducen aquí con el permiso del propietario del *copyright*.

Colección: Hombres de Hoy
© Camilo José Cela Conde
Diseño de cubierta: Rudesindo de la Fuente
Fotografía de cubierta: Agencia EFE
EDICIONES TEMAS DE HOY, S.A. (T.H.)
Paseo de la Castellana, 93. 28046 Madrid
Depósito legal: M-1.509-1990
ISBN: 84-7880-000-X
Compuesto en Cenit, S.A.
Impreso en Talleres Gráficos Peñalara, S.A.
Printed in Spain - Impreso en España

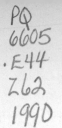

INDICE

A mi hija recién nacida, que se llama Camila...
(¿habría llegado alguien a adivinarlo?)

*Todo vuestro pasado es como
un largo dormir que hubiera
podido ser olvidado, de no
haber habido un sueño. Y el
sueño también habría podido
olvidarse, de no haber
habido una memoria.*

Henry Miller

Prefacio para glosar
la mayor alegría de las imaginadas

¡Ahí es nada, el premio Nobel para un escritor carpetovetónico que, a mayor abundamiento, no cree en los premios literarios!

Camilo José Cela, mi padre, desde su más tierna infancia literaria (de la que se ha de hablar luego largo y tendido) ha sido un autor contra corriente. En un país en el que la gloria suele buscarse al abrigo del jurado de uno de los premios importantes, CJC se ha mantenido absolutamente fiel a sus principios, desdeñando jugosas ofertas y grandes tentaciones. Los premios que se le otorgaron (como el Príncipe de Asturias o el Nacional de Literatura) fueron siempre reconocimientos a posteriori para los que el autor no tenía que presentar su candidatura. Aun así, mi padre ha sido durante muchos años el candidato por antonomasia a la hora de buscar un autor al que otorgar los laureles.

Estaba cantado que, pronto o tarde, la Academia sueca había de fijarse en CJC. En alguna que otra ocasión se quedó en las mismas puertas del premio y, eso sí, encajó sin inmutarse el aplazamiento. Mientras tanto el corro doméstico de la cultura de alpargata iba tejiendo sus conspiraciones para apartarle una vez y otra de otro de los premios a los que era candidato permanente: el Cervantes. Los suecos han ganado al final por la mano. Mentiría si digo que lo siento.

Pero el premio Nobel supone, en cierto modo, una rémora para este libro. Convendría que el lector se olvidase de tan altos galardones, porque la historia comienza muchos años atrás. Y si Camilo José Cela, mi padre, ha sido un clásico vivo desde siempre, sus gozos y sus miserias estuvieron durante mucho tiempo bien lejos de esta inmortalidad que ahora se le viene encima. Hará falta una pirueta mental para olvidarse, siquiera por unos instantes, de que, en el fondo, CJC hubiera sido el mismo sin el premio Nobel a cuestas.

A TITULO DE PROLOGO

Pero, ¿tú eres hijo de Camilo José Cela?*

Camilo José Cela es un escritor muy famoso; probablemente es el escritor español más famoso que pueda hoy encontrarse. Camilo José Cela tiene también un hijo. Yo. Con frecuencia me encuentro con personas que se asombran enormemente por la coincidencia de esos dos hechos, y me preguntan qué se siente al ser hijo de CJC.

Es una pregunta que no se puede contestar. Resulta muy sencillo decir qué relación tengo, como hijo, con mi padre. Pero lo que quieren saber no es eso. El interés de la gente incluye, sobre todo, la circunstancia de la fama de mi padre, y para saber dónde están las claves de lo insólito, es decir, para que pudiese dar cuenta de cuáles son los elementos que se añaden a la paternidad normal, yo tendría que haber sido alguna vez hijo a secas. No es el caso.

Dice mi madre que la primera vez que descubrí, con dos o tres años de edad, cómo se llamaba mi pa-

  * Una versión algo distinta de este prólogo se publicó en el número especial dedicado por la revista *Bitzoc* a CJC en octubre del año mil novecientos ochenta y seis.

dre, me puse furioso. Camilo José Cela era yo, y no un intruso alto, delgado y ceñudo, que aparecía de vez en cuando por mi cuarto. Pero poco a poco aprendí a aceptar que Camilo José Cela era otro desde antes de que yo naciera y, además, para redondear el asunto, que todo el mundo estaba al corriente de ello. Tampoco era como para preocuparse demasiado. Los niños, al crecer y enfrentarse con el mundo, deben irse acostumbrando a la injusticia. En mi mundo particular, además, el nombre de Camilo tenía ya una larga historia. A fuerza de buscar, puede encontrarse un abuelo Camilo, un bisabuelo Camilo, y hasta algún que otro tatarabuelo Camilo. Más atrás, uno acaba por perderse.

Pero la vida me reservaba nuevas sorpresas. Cuando comencé a jugar con otros niños me enteré de que sus nombres eran algo absolutamente personal y no un patrimonio de la familia. Más extraño aún resultaba que nadie supiese cómo se llamaban sus padres, y que a nadie le importara gran cosa. La vida se estaba convirtiendo rápidamente en algo muy complicado. Yo tengo manos, pies, nariz y orejas de un tamaño bastante proporcionado; tengo también un padre famoso y, para mí, la naturalidad de las cosas incluye tanto el padre célebre como el rostro equilibrado. Pero resultaba evidente que había quienes se regían por otros criterios. Supongo que los cíclopes, las sirenas y los faunos tienen una idea un tanto pintoresca en la mente cuando dicen de alguien que es un tipo vulgar. Y parece fácil suponer lo que nos sucedería si cayésemos, de pronto, en un mundo de cíclopes que teorizan acerca de la normalidad. Puede decirse que me ha tocado vivir en un mundo donde los cíclopes abundan. Resulta divertido.

Lo mejor de todo ha sido siempre el irme encontrando con psicólogos aficionados, con graves y sesudos analistas *amateurs* que se preocupan con gesto severo por mis posibles sufrimientos mentales. Mi padre es un autor de novelas de alcance universal, piensan; ¿no basta eso para que caiga en la depresión y el suicidio, dado que yo jamás llegaré a colocar ni el más miserable prólogo en los anales históricos de la literatura? ¿Intentaré, en consecuencia, matar al padre famoso? ¿Me acostaré con alguna prima hermana mía, llevado por la venganza?

Existen otros muchos argumentos capaces de apuntalar mi desequilibrio. Mi padre, por ejemplo, ha conseguido llegar a los ciento quince kilos de peso aunque, últimamente, va en declive. Yo, por mucho que me esfuerzo, no paso de los noventa. ¿No es ése un terreno abonado para las angustias? Hay que añadir, además, que mi padre, a su condición de novelista inmortal, suma habilidades tan variadas como ocultas: pintor, artista de cine, torero, judoka (honorario), piloto de globos aerostáticos, cantante de tangos y futbolista, allá por los años de su juventud. Algo como para producirle a uno ese tipo de crisis de identidad que acaba conduciéndole a refugiarse en alguna secta.

Los freudianos de oído continúan con sus encuestas, averiguando, por lo general, que yo me he dedicado a navegar a vela, tocar el contrabajo, arponear peces y doctorarme en filosofía pura, aunque, bien es verdad, con muy escaso éxito en todas esas distintas labores. ¡Ya lo tenemos! Yo dirijo mis esfuerzos hacia todo aquello que mi padre jamás ha imaginado, construyéndome un nicho a la medida, una cáscara de caracol a título de seguro a todo riesgo. Pero, por desgracia, tampoco eso es estrictamente verdadero. Mi padre y yo compartimos alguna que otra parcela, como la del periodismo y la docencia universitaria. Y los argumentos con pretensión universal aguantan mal las excepciones.

Tengo que reconocer que alguna que otra vez, de hecho, me he dedicado a perseguir el fantasma de mi padre sin que la fortuna de las compensaciones se hiciera demasiado patente. ¿Un ejemplo? Estudié —es un decir— varios cursos de ingeniería, con la idea de que algo así tenía que molestar a ciencia cierta a cualquier humanista... Pero no adelantemos acontecimientos: eso pertenece ya al hilo de lo que se va a narrar.

En buena lógica, me correspondería concluir estas palabras previas haciendo un balance de las ventajas e inconvenientes, de los gozos y las penas que me ha supuesto llevar un nombre y un apellido así. Pero, ahora que lo pienso, creo que me lo voy a ahorrar. En un mundo de cíclopes lo mejor es camuflarse dentro del bosque más tupido. Nada de lo que dijese serviría, por otra parte, para explicar cuál es la más hermosa de las herencias que me ha dejado mi padre. Para entenderla habría que haber vivido con él cuando el escritor célebre, rebelde, iconoclasta, revolucionario, blasfemo, inmortal y soez cometió el error de abandonarse por un momento a la piedad y respetar las tradiciones. Mi padre nunca se decidió a echarme de casa, y eso me ha permitido contar con una ventaja excepcional. La de haber estado desde niño, día a día, con Camilo José Cela.

CAPÍTULO 1
MADRID

Erase una vez, hace mucho tiempo...

Tengo un problema. Todo el mundo tiene problemas, pero el mío les afecta a ustedes de una manera directa. Debo contarles cómo es Camilo José Cela, por supuesto, pero, ¿cuál de ellos? ¿El desgarrado y cruel autor de *La familia de Pascual Duarte*? ¿El senador real que intentó pulir cuidadosamente el texto de la Constitución? ¿El actor de cine? ¿El inmortal en ciernes, fotografiado en pelotas el día en que debía leer su discurso de entrada en la Real Academia Española? ¿El aprendiz de torero? ¿El puntilloso y erudito anotador de palabras *non sancta*? ¿El vagabundo que se pateó España para contar amorosamente luego todos los mínimos detalles que los turistas desprecian? ¿El *enfant terrible* de la literatura de posguerra?

Camilo José Cela es cada uno de esos personajes y muchos más que se nos escapan ahora de la memoria. Ya saldrán; lo importante es saber cómo, y en qué orden. CJC, como acostumbra firmar él mismo, es, al margen de lo que pudiera parecer a los ojos del lego, un hombre escrupulosamente ordenado hasta la obsesión enfermiza: sería injusto profanar su imagen convirtiéndola en el reflejo de un cajón de sastre en el que cunde el más caótico barullo. Busquemos un método, un principio. «Erase una vez», por ejemplo, serviría para el comienzo, porque ninguna historia sobre Camilo José Cela puede separar del todo lo real de lo imaginario. «Hace mucho tiempo», a continuación, viene también al pelo: la historia comienza, desde luego, casi medio siglo atrás. Y ahora, ¿cómo seguimos? «Había una princesa que vivía en un país remoto...» No, eso ya pega mucho menos. Las princesas tienen poco sitio en el mundo de los cómicos, los artistas y los poetas.

Lo que sucedió una vez, hace mucho tiempo, es que Camilo José Cela tuvo un hijo: yo mismo. Tal circunstancia no debería suponer gran cosa en lo que hace a la historia que ha de contarse, pero el lector tendrá que pechar con las inevitables consecuencias de ese acontecimiento banal. Todo lo que recuerdo de Camilo José Cela viene luego de ese día del mes de enero de 1946, cuando Madrid amaneció cubierto por una áspera nevada.

Mi padre asegura que empecé a darle la lata en el mismo momento en que llegué al mundo, en el quirófano de una clínica del barrio de Argüelles, allá por la mitad de la calle de Quintana. La comadrona, momentos antes del parto, reprendió severamente a Charo, mi madre, porque llevaba un camisón sin mangas y la melena suelta, es decir, porque iba en plan indecente. Mi padre la mandó a la mierda y la sacó a patadas del cuarto, pero el médico, que era el de la Asociación de la Prensa y debía tener una gran conciencia de clase, se solidarizó con la buena señora y dijo que allí no nacía nadie en tan descocada forma. La cosa terminó bien gracias a otro médico amigo de mis padres, Luis Pérez del Río, para quien, por lo visto, el juramento hipocrático no contenía cláusulas de censura previa. Consiguió sacarme con el cordón umbilical dando vueltas alrededor de mi cuello, cosa a la que la sabiduría popular concede mucho mérito y augura gran suerte. Todavía no he perdido las esperanzas.

Sesenta minutos después de nacer yo, mi padre estaba leyendo el manuscrito en ciernes de *La colmena* en la librería Buchholz, lo que da fe de su sentido de la profesión, o de la paternidad, según se mire. Pero un par de días después sus tiernos instintos se desataron cuando, al engancharme un dedo en el mantón lleno de bordados y puntillas con el que se recuerda a los recién nacidos de mi familia lo duro que es el mundo, levanté la ceja derecha haciendo un gesto que es típico de mi padre. Ya fuese porque se confirmaba la paternidad, o por las emociones que siempre provocan tales cosas, es ése el primer detalle de mi carácter que se recuerda en casa.

El recién nacido recibió el nombre de Camilo José, cosa que dice poco de la capacidad inventiva de mi padre y bastante más acerca de su respeto por las tradiciones. Camilo José se llama mi padre; Camilo y Camila se llamaban mis abuelos paternos. La historia, ahora que caigo, acabaría por complicarse bastante si decido narrarla utilizando los nombres propios, pero no se asusten: todos esos personajes que llaman a confusión desaparecen en este primer acto. Queda tan sólo el Camilo José Cela que se ha hecho popular. Y así, como quien no quiere la cosa, hemos dado ya con la fórmula necesaria para contar sus aventuras: me limitaré a repasar lo más cuidadosa y ordenadamente posible los rincones más ocultos de mi memoria.

Retrato de un escritor entrando en la madurez

Ya va siendo hora de advertir que Camilo José Cela, en la época en que comenzaba a brillar como novelista, lucía una figura muy distinta de la que exhibe ahora mismo. Cuarenta años marcan una gran diferencia, pero cincuenta o sesenta kilos consiguen hacerlo todavía más. En su novela *San Camilo, 1936* se incluye una fotografía de entonces; nos bastará con examinarla cuidadosamente.

La foto muestra a un jovencito un tanto huraño, armado de un aire entre burlón y suplicante. El pelo oscuro y muy lacio está peinado hacia atrás, salvo un único mechón rebelde que consigue escaparse por un lado. La frente, lisa y enorme, se prolonga por medio de unas entradas prematuras; la cara afilada y larga, con las mejillas hundidas, pone todavía más en evidencia la comisura abultada de los labios. En medio del largo cuello sobresale la nuez, como un solitario peón de ajedrez a punto de coronar. El pecho queda hundido sobre los pulmones castigados por la tisis, pero la figura resulta esbelta y ladeada, acentuando aún más una talla por entonces nada común. Y por encima de todo el cuadro resalta claramente una mirada dura, casi cruel, como la de un autor dispuesto a retratar un mundo en el que la piedad murió, hace ya tiempo, de frío y de soledad. Es el lector de Nietzsche por parte de padre y de Byron por parte de madre, como corresponde. Es el prófugo que recorre las calles recién regadas de la gran ciudad, con la tos perdiéndose en la bufanda, cuando amanece. Es el Camilo José Cela actor de *El sótano* y de *Facultad de Letras*, el novelista de *Pabellón de reposo*, el poeta de *Pisando la dudosa luz del día*, aquél que compone el gesto exacto de quien adivina que el destino le ha tocado ya en el hombro, pero todavía no sabe con qué intención.

Cuarenta o cincuenta años más tarde todo ha cambiado y, sin embargo, el retrato sigue siendo válido. Los kilos de más, la papada, la mirada dulce de quien no necesita darse ya ánimos, el pelo escaso y la frente cruzada por un mar de arrugas producen una misma y sorprendente sensación. Camilo José Cela, como Dorian Gray, cuenta con un pacto con el Diablo: todo seguirá igual mientras la mano que sujeta con dedos deformes una pluma estilográfica, siempre vacía en su continuo camino desde el papel al tintero, no pare de llenar cuartilla tras cuartilla con la letra minúscula del cuidadoso y aplicado amanuense. Quien pretenda conocerle de verdad tendrá que leer sus libros: estas páginas de ahora le sobran. Al fin y al cabo sólo hablan del Camilo José Cela hecho, ¡qué vulgaridad!, de carne mortal.

El Camilo José Cela periodista

Por la época en que nací mi padre era colaborador en la prensa, es decir, no tenía ningún trabajo fijo, aunque hacía muy poco tiempo que había dejado su empleo en la oficina de la Vicesecretaría de Educación Popular. La educación popular de entonces consistía en tutelar las ideas censurándolas previamente, y mi padre tenía a su cargo, a tales efectos, tres revistas: *Farmacia Nueva*, *El Mensajero del Corazón de Jesús* y el *Boletín del Colegio de Huérfanos de Ferroviarios*. Gran parte de su formación en materias costumbristas debió sacarla sin duda de aquel empleo y del que tuvo luego en la Dirección General de Cinematografía, aunque sólo acertaba a aparecer de vez en cuando por uno y otro lugar. En el año 1949 Gabriel García Espina (tío de un gran amigo de mi padre, Víctor de la Serna), al ser nombrado director general, resolvió la papeleta de tener un empleado que sólo se dejaba ver a salto de mata concediendo a CJC una gratificación a cambio de que no volviera a asomar por los despachos. Fue un acuerdo que dejaba satisfechas a todas las partes.

Pero la carrera literaria de mi padre había comenzado, por supuesto, tiempo atrás. Su primera publicación no fue un artículo sobre la Pardo Bazán, como dicen las enciclopedias de literatura, sino el consultorio sentimental de *Y, Revista para la Mujer*, de la Sección Femenina, donde cobraba a tanto la respuesta siempre que diera consejos amables y ponderados. Luego salieron varios cuentos suyos en otra revista de la misma cuadra, *Medina*; unos cuentos que se deben un poco al azar y bastante a la necesidad. Mi padre quería escribir poemas, pero el mercado de la poesía iba mal entonces (y, ya que estamos, continúa igual), así que le dijeron que probase con los cuentos cortos. El lector interesado puede encontrarlos reunidos en un libro que se llamó después *Esas nubes que pasan*.

Camilo José Cela no ganó fama literaria hasta la publicación en el año 1942 de *La familia de Pascual Duarte*, una novela sobrecogedora no tanto por su cacareado tremendismo como por la madurez de estilo de un autor de veintiséis años que se estrenaba como novelista. Mi padre, que ha sido siempre un barojiano leal, pretendió que don Pío le prologase la novela, pero Baroja, ya mayor y siempre alerta, se negó a hacerlo, según le dijo, porque le parecía cosa más bien de jóvenes el ir a la cárcel. Ya fuese por culpa de ese miedo o de cualquier otro, el caso es que el manuscrito recorrió editor

tras editor hasta que Aldecoa hijo (por hacerle una ca-
bronada a su padre, según versión de CJC) se decidió
a publicar el libro: mil quinientos ejemplares que se ago-
taron en un año.

Ese éxito inicial animó mucho al incipiente escritor, pero, por desgracia, no daba para comer todos los
días. Saturnino Calleja le había firmado un contrato
y le pagaba algo cada mes por sacar regularmente una
novela, pero mi padre no pudo cumplir su compromiso
y pronto se le acabó la ganga, así que, como ya se ha
dicho, colaboraba en los periódicos. En el *Arriba* de Javier Echarri (el mismo que murió siendo director de
La Vanguardia). Dentro de lo que cabía, que no era demasiado, Echarri había hecho del *Arriba*, en los años cuarenta, un diario tirando a liberal y prestigioso en cuyas páginas publicaban Eugenio d'Ors, Ramón Gómez
de la Serna, César González Ruano y Eugenio Montes, por poner algunos ejemplos.

Mi padre se llegaba a la redacción del *Arriba* muy
a menudo, aunque no fuera más que un simple colaborador, por varias razones. Porque allí le daban gra-
tis el café y, de vez en cuando, una copa. Porque vigilaba de cerca que le sacasen su artículo semanal en
la página buena, la última. Porque en el fondo no
tenía nada mejor que hacer, y en la redacción estaba
entre amigos: Vicente Cebrián (el padre de Juan Luis),
Manuel Vázquez Prada (al que le despegó un dedo
en un duelo a sable de los que hacían por entrete-
nerse) y el propio Echarri. En realidad, su sección
de los martes, por la que le pagaban muy generosa-
mente (ciento veinticinco pesetas cada colaboración),
se debía a la amistad del director. Muchos años más
tarde Javier Echarri le confesaba a un Camilo José
Cela ya académico su asombro por lo lejos que había

logrado llegar. A él, a Echarri, no le gustaban nada aquellos artículos.

En la época de mi nacimiento, Camilo José Cela escribió su *Viaje a la Alcarria*. La gente suele ver en él el libro más dulce de todos, y para su madre, mi abuela Camila, era el único que ella podía recomendar sin temor a sobresaltos. Es un libro sorprendente en un autor tachado de tremendista, y no resulta fácil entender por qué vino en ese momento preciso. ¿Había hecho mella la paternidad en la barrera cuidadosamente levantada por el hosco escritor entre él y el resto del mundo? Puede que ahí esté la clave.

Al principio del *Viaje a la Alcarria* CJC es un viajero que se acerca a la cuna de su hijo para ver cómo duerme antes de salir de casa. En toda la ingente obra de mi padre es ése el único sitio en el que se me hace mención. Se conoce que, al ser yo tan pequeño, aún no se había hecho una idea clara sobre mí.

Ríos Rosas 54

Al poco de nacer su hijo, Charo y Camilo José se trasladaron desde la calle de Alcalá, cerca de Ventas, a un piso nuevo y más moderno, en Ríos Rosas 54. El motivo del traslado fue imperioso: mis padres debían pagar por la casa de Alcalá una renta de doscientas cincuenta pesetas al mes, lo que estaba totalmente fuera de sus posibilidades, así que decidieron mudarse a una casa de mil quinientas pesetas de alquiler mensual, con la idea de que los caseros estarían acostumbrados a tratar con gente de posibles y se mostrarían en consecuencia mucho más liberales y comprensivos. No sé cómo se las arreglaron, pero mi padre presume de haber pagado el alquiler casi todos los meses.

Era una casa recién construida, en la zona de expansión de Madrid, justo enfrente de los solares en los que se estaban edificando los Nuevos Ministerios y cerca de la avenida que recibiría luego el obligado nombre de Generalísimo, para acabar, mucho más tarde, siendo simplemente la prolongación del paseo de la Castellana. La casa hubiera sido descrita por cualquier agente inmobiliario actual como «de alto *standing*», es decir, con garaje (inútil para la gran mayoría de los inquilinos), dos entradas, dos escaleras y dos porterías. Había también un bar justo al lado de la puerta, al que el dueño, en un alarde de ingenio, había llamado Pon Café. Después quedaba una peluquería y una tienda de ultramarinos en la que el aceite del cupón de racionamiento lo despachaban envuelto en papel de estraza, habida cuenta de su consistencia; pero no adelantemos noticias.

Como decía antes, ni la situación económica de la familia ni el incremento de su número justificaban la mudanza, pero tampoco es cosa de andar buscando motivos razonables a cada paso.

De Alcalá 185 no recuerdo casi nada. La casa estaba cerca de la plaza de Manuel Becerra, popularmente conocida como «Plaza de la Alegría» porque en ella se despedían los duelos de los entierros, y tenía justo enfrente una tienda de comestibles con el muy republicano nombre de «El sol sale para todos». De Ríos Rosas 54 sí que guardo memoria de bastantes detalles. Recuerdo muy bien, por ejemplo, los jardines del Liceo Italiano, que se veían desde todos los ventanales del frente de la casa y componían un calendario que cambiaba de color en cada estación: blanco luminoso, que se iba ensuciando poco a poco con el juego de los niños y el paso de los coches, en invierno; verde pálido cuando brotaban las hojas de los álamos; y un rojo llameante que daba paso al marrón oscuro a medida que iba pasando el otoño. En verano nunca me asomaba a la ventana: estábamos en Avila, en Cebreros o en la sierra de Madrid. Mis padres siempre llevaron la miseria económica con mucha dignidad.

Cerca de Ríos Rosas, al otro lado de la avenida en construcción, quedaba el Museo de Ciencias Naturales, al que Charo y Camilo José me llevaban a menudo para ver de desasnarme. Mi padre me explicaba allí los misterios de la naturaleza, un poco de memoria y sin pararse demasiado a comprobar la veracidad de los detalles. El museo estaba lleno de lugares inquietantes y mágicos tesoros: vitrinas repletas de fósiles redondos como enormes monedas de piedra gris; una sala grande en medio de la cual se alzaba el elefante disecado, con los colmillos blancos de pasta, la trompa al aire y la mirada furibunda de quien está a punto de atacar; un oscuro rincón con un tigre un poco apolillado y mustio, pero que conservaba todavía ante el paladar de cartón rojo unos feroces colmillos que daba mucho miedo mirar; una garita de madera en la que el portero, vestido con un raído uniforme azul en el que se adivinaban los restos de los galones en las bocamangas, dormía siempre con la silla apoyada en equilibrio contra la pared. Pero lo más emocionante de todo era un león vivo que languidecía, encerrado en una jaula bastante pequeña de barrotes medio comidos por el óxido, fuera del edificio, en un lateral que daba a los fríos de la sierra. A pesar de sus achaques y de su enorme aburrimiento, el león se las arreglaba para componer una figura un tanto altiva cuando los niños nos atrevíamos a acercarnos, guardando las distancias y con mucho respeto, a mirarlo. Al caer la noche, el león lanzaba unos melancólicos rugidos que se oían muy bien desde nuestro piso.

La casa

La casa de Ríos Rosas 54 era grande, desde luego, y un tanto destartalada. Un estrecho y largo pasillo distribuía de forma asimétrica los cuartos: la cocina y el baño a la izquierda; un aseo que jamás funcionó y que servía de trastero, y hasta cinco dormitorios, al otro lado, a la derecha. El comedor y el cuarto de estar quedaban al frente, rematando con tres ventanas sencillas, sin balcones, la fachada. Mi padre puso en una de ellas un letrero para que a nadie se le ocurriese bajar la persiana, porque habían anidado allí las golondrinas, pero yo, por mucho que me pasé las horas muertas mirando atentamente, nunca vi ninguna. A lo mejor entraban y salían a la hora de la siesta.

Mi dormitorio era el primero del pasillo, cerca del recibidor: el más alejado del cuarto de mis padres, por motivos que ahora me parecen muy razonables. Justo al lado, enfrente del aseo-trastero, había una habitación que servía un poco para cualquier cosa: para coser a máquina cuando venía la costurera; para albergar los cajones de tablas que mi padre conservaba siempre en previsión de tener que trasladar libros; para arrinconar los colchones, que no habían de usarse en un tiempo, de los invitados. Las ventanas de todos los cuartos, excepto los del frente, daban a un patio interior cruzado por las cuerdas de tender la ropa de cada piso, y de noche, cuando la luna estaba alta en el cielo, desde mi dormitorio se veían sombras moviéndose en el cuarto de al lado al compás de su luz. Una vez cacé un ratón en ese cuarto mágico, pero no dejaron que me lo quedara. Una muchacha que hacía de cocinera, doncella y asistenta, todo a la vez, lo metió en un barreño lleno de agua, para que se ahogase. Las airadas protestas, los sollozos y los lamentos hicieron acudir a mi padre, quien improvisó un discurso entre científico y sentimental acerca de los animales útiles, los bichos peligrosos y la muerte, pero tampoco él se atrevió a mirar hacia el ratón que nadaba desesperadamente. Creo que ese día intuí lo que es una paradoja.

La entrada carecía de todas las cosas que cabe esperar de un recibidor de la época. No había ni paragüero, ni perchas para los abrigos, ni mueble alguno con un espejo. Tan sólo una mesa baja, vagamente de estilo, sobre la que lucía un regalo de bodas que habían hecho a Charo y Camilo José unos amigos de mis abuelos, una gente de mucho compromiso. Se trataba de una figura de porcelana coloreada en negro y gris pálido: un pingüino con cara de odiar al mundo y estar dispuesto a demostrarlo. Mi padre le había colocado encima un letrero, caligrafiado con letra inglesa y sujeto luego a la pared con una chincheta, que decía:

Visitante: observe usted
el malévolo pingüino.

Un buen día el pingüino desapareció. Nunca supimos quién se lo había llevado, pero debió de ser un alma muy liberal y tolerante en cuestiones estéticas. El letrero permaneció todavía algún tiempo en la pared con su mensaje, ahora surrealista en ausencia del animal. Cuando acabó por caerse, utilicé la chincheta para hacerme una caña, pero me parece que no logré pescar gran cosa con ella.

A partir de la mitad del pasillo, mirando hacia el norte, se entraba en la zona noble, peligrosamente cerca, por cierto, de la habitación en la que se me permitía jugar. Venía primero un cuarto de armarios que estaban siempre llenos de libros, a falta de estanterías; después el dormitorio de mis padres, suntuosamente alfombrado con una moqueta gris algo apolillada; el comedor y el cuarto de estar, por último, estaban dominados por una enorme cabeza de ciervo sobre la chimenea. En realidad, toda esa parte de la casa me quedaba vedada porque mi padre tenía que trabajar, leer o dormir, y mi presencia no contribuía al éxito de ninguno de esos tres propósitos. Pero en la mañana del día de reyes los juguetes aparecían depositados en la alfombra de la sala, bajo la mirada vigilante del ciervo, y eso bastaba por sí solo para que durante todo el año, a la menor ocasión, aprovechase para explorar a fondo tan prometedor territorio. De esa manera descubrí los libros (las paredes estaban cubiertas de librerías altas hasta el techo), la comodidad de los sillones de orejas que ahora, Dios sabrá por qué, no existen ni en los museos, los alfileres que se escondían en la mugre, en el polvo prensado que quedaba dentro de las rendijas de la madera del parqué, y el terror. Me espantaban especialmente tres cosas: la cabeza disecada del ciervo, una jarra alta de cristal en azules y verdes, con el vientre en forma de cara de pez, y un cuadro gótico, imagino que falso, con un ángel jorobado y retorcido que sonreía resignadamente, bien a su pesar.

Supongo que me hubiera debido aterrorizar también mi padre, pero lo cierto es que casi no le veía. Del *Arriba* llegaba muy tarde y, ya en casa, dormía y trabajaba a unas horas un tanto imprevisibles. Como mi idea de lo que es el silencio no coincidía con la suya, pasaban días enteros sin que nos cruzásemos. Una vez, como se verá más adelante, se pasó cinco meses seguidos en Venezuela reuniendo el material necesario para escribir *La catira*. Cuando llevaba diez o

doce semanas fuera le pregunté a Charo si mi padre
no iba a venir a comer.

Los vecinos: César González Ruano

De Ríos Rosas 54 recuerdo también a los vecinos.
Por aquel entonces yo creía que todas las casas de vecinos eran así, como la nuestra; luego, pasado el tiempo,
sólo he acertado a ver algo parecido en la obra de
Ionesco.

Camilo José Cela se había mudado a un piso que
daba, pared con pared, con el de César González Ruano
y, techo con suelo, con la casa del pintor Manuel Viola.
Tuve muy pocas oportunidades de hacer lo que se diría «vida social» con ellos; al fin y al cabo yo era un
mocoso que apenas había dejado de gatear. Pero lo que
se veía allí era fascinante hasta comparándolo con nuestra propia casa; no es raro que lo recuerde.

César González Ruano y mi padre se conocieron
en Barcelona, según cuenta el primero en un folletón
de sus memorias que publicó en *El Alcázar* en los años
cincuenta. Un amigo común, Juan Ramón Masoliver,
les presentó en las Ramblas, avanzada la noche, en una
ocasión en que mi padre había ido a dar una conferencia allí, poco antes de nacer yo. Se cayeron muy bien,
y el año siguiente César González Ruano estuvo una
temporada en la casa de Alcalá 185. Luego, ya en Ríos
Rosas, la amistad no hizo sino crecer.

César González Ruano fue todo un personaje. Recién llegado del extranjero, de Berlín y Roma, donde
había sido corresponsal de guerra para el *ABC*, siempre atildado, con un bigotito finísimo que le subrayaba
de lado a lado el labio, las manos permanentemente cui-

dadas por la manicura, el pelo engominado y aires del marqués que llevó toda la vida en el fondo de su corazón, era el periodista por antonomasia en el *lumpen* de los colaboradores de la prensa madrileña de los años que siguieron a la Guerra Civil. Allá por los años veinte, cuando empezó su carrera, dispuesto a comerse a los niños crudos, decidió dar un golpe de efecto de una vez por todas y leyó una conferencia en el Ateneo poniendo al *Quijote* a parir panteras, pero lo único que consiguió fue un suelto pequeñito en *La Voz* bajo el título de «Al señor González no le gusta Cervantes».

Pero sus artículos eran muy buenos, de una calidad literaria que no abunda en el periodismo de hoy, y acabaron por imponerse. César fue en aquella época el gran cronista de Madrid. Colaboraba en el *Arriba*, como los elegidos, pero eso no bastaba para costear su ritmo de vida. Aunque, la verdad sea dicha, nada en aquel entonces, salvo el estraperlo o el Glorioso Movimiento Nacional, podía costear ni la vida de un fraile cartujo. Pero César González Ruano no estaba dispuesto a bajar la guardia. César y Mary, su mujer (pronúnciese Mery), disponían de criado para servir la mesa, aun cuando rara vez había en ella gran cosa que comer. Como el resto de los escritores, periodistas y poetas de Madrid, César vivía de sus colaboraciones, de los cafés a los que le invitaban —con bollo incluido algunas veces— los amigos pudientes, y de algún que otro ocasional sablazo. La familia también contribuía, por lo general, de vez en cuando, y la madre de César no era ninguna excepción. Una vez les prestó una verdadera fortuna (mil pesetas) para desempeñar las joyas de Mary y pagar el alquiler pendiente, y ese día fue memorable en la casa de nuestros vecinos. César invirtió el capital en marisco para todos los amigos y en un cocodrilo disecado la mar de elegante, barnizado y todo, que desde luego a mí me hubiera hecho feliz.

En una ocasión mi padre y Pepe Pizarro, el director de *El Alcázar*, vecino también de Ríos Rosas 54, gastaron a los González Ruano una broma cruel. Cerca del Café Europeo, que sirvió de escenario para *La colmena*, adonde iban regularmente los tres, había una pescadería en cuyo escaparate vegetaba, supongo que a título de reclamo, una inmensa tortuga de mar. El animal llamaba mucho la atención, mientras masticaba poco a poco las almejas e iba contemplando con su mirada fría y arrogante a los curiosos. Una mañana de otoño Pepe Pizarro y mi padre, de punta en blanco, se acercaron a la pescadería y, después de un largo regateo, compraron la tortuga. Fue el propio hijo del dueño, Paco Campanero, quien se encargó de llevar el animal cuidadosamente envuelto a casa de los González Ruano. Campanero ha recordado recientemente su odisea en una carta dirigida al director de *El Faro Astorgano*: el animal no cabía en un taxi, y la taquillera del metro de la estación de Bilbao, al ver lo que ocultaba el sospechoso bulto, estuvo a punto de llamar a la policía. Paco Campanero tuvo que acabar llevando la tortuga en brazos, a pie, hasta la casa de Ríos Rosas.

Los González Ruano se vieron así dueños a la fuerza de una tortuga de mar. Habrían podido comérsela, desde luego, pero en vez de eso la adoptaron. Lo malo es que la tortuga, además de estar viva, era muy voraz y no se conformaba con cualquier cosa. Comía una dieta carísima a base de pescadillas y almejas: un menú que no figuraba con demasiada frecuencia en las mesas de aquel entonces. Pero César le tomó cariño al bicho y hasta le dedicó un par de artículos, incluido el

CJC en 1949.
Cualquiera de las
dos versiones
(pulcro/desaliñado)
sirve para ilustrar la
imagen del joven y
tremendo novelista
de la época.

un uc camara um
 era pronostica
uio Nacional de

ap leuoiɔɐN

Con el maestro Pío Baroja. Es una epoca en la que mi padre quedaba todavía a un lad
en las fotos de grupo.

Los Toros de Guisando, «donde, mejor o peor, se fundó España». El recuerdo, a juzga
por su actitud, no debió impresionar demasiado a CJC.

Apenas nadie recuerda a CJC con bigote. Helo ahí, durante las andanzas por Castilla que terminarían reflejadas en *Judíos, moros y cristianos*.

Con Curzio Malaparte, en el
año cincuenta y dos,
haciendo el ganso.

Curzio   C.J.C.
Malaparte   Spovera
  Cuesta Barriga, 6.XII.52.

CJC de liqui-liqui, a la
puerta de Villa Clorinda,
recién vuelto de su
aventura venezolana. A la
hora de escribir *La catira*
los detalles se cuidaron
exquisitamente, según se
ve.

Durante la redacción
de *La catira*.

Cartel de la primera (y única) exposición de óleos de CJC. Mi abuelo Camilo aseguró que había tenido un enorme éxito. La gente, desde luego, no paraba de reirse.

CJC en Las Navas durante la suerte de banderillas. El público no había comenzado aún a protestar.

ños más tarde en una tienta, con Luis Miguel Dominguín. El recuerdo de las corridas
e Hoyos de Pinares, Las Navas y Cebreros no impidió a CJC tomar de nuevo los trastos.

En la casa de José Villalonga. Obsérvense los útiles de trabajo: la pluma
estilográfica; las cuartillas holandesas; la luz baja que hará falta al caer la noche; lo
pitillos, liados a mano, junto al encendedor.

de las dolorosas y sentidas nenias en su nombre cuando el animal por fin murió.

Las pocas veces en que pude hacer el largo camino que suponía para mí bajar siete pisos, cruzar la entrada del garaje y volver a subir la misma distancia por la otra escalera, hasta la casa de César, encontré siempre en el recibidor, como si se tratase de la sala de espera de un médico o, más bien, de la antesala de un ministro, a varios señores esperando sentados en unas sillas que se alineaban a lo largo de la pared, en el vestíbulo. Eran los acreedores. De vez en cuando el criado salía, muy digno y estirado, para dar noticias de lo ocupado que estaba el señor y los esfuerzos que estaba haciendo por lograr un hueco para recibirles. Nunca vi pasar a ninguno de los acreedores a la audiencia, pero puede que tampoco tuvieran muchas esperanzas de conseguirlo.

Cierta vez en que los González Ruano prendieron fuego al tiro de la chimenea, quemando en ella, supongo, periódicos atrasados, mi padre se adjudicó el emocionante papel de organizador de las tareas de socorro y salvamento. Con voz firme y decidida, y fiero gesto, daba órdenes para que entre mi madre y la criada taponaran el hueco del hogar con mantas, sábanas y los restos de una alfombra, apuntalando todo el artilugio cortafuegos con dos sillas que le servían de armazón. Pero, a pesar de la iniciativa, el humo seguía saliendo por la cabeza del ciervo disecado como si, de pronto, le hubiera dado por fumar. Los pisos, aun con la pared por medio, no compartían la misma escalera, así que había que ponerse a escuchar con la oreja en la pared para saber lo que pasaba en la casa de al lado. El encargado de hacerlo era mi padre, que luego nos traducía las novedades describiendo muy a lo vivo cómo morían los vecinos entre horribles lamentos. Yo me apresuré a tirar por la ventana todos mis tesoros para salvarlos del seguro sacrificio y, en el barullo, perdí un oso de trapo al que tenía gran cariño. Sospecho que se lo quedó un niño del segundo piso, el de la puerta que estaba justo al lado de la Casa Regional de Navarra, que luego ha llegado a Jefe del Gabinete Técnico de un ministro de la transición. Cuando por fin se presentaron los bomberos no rompieron casi nada y me quedé muy decepcionado. César González Ruano, sin embargo, les colmó de elogios y hasta improvisó un discurso acerca del heroísmo, pero no lo pudo terminar porque los hombres aseguraron rápidamente que tenían cierta prisa.

Los vecinos: Manuel Viola

Vecinos hay muchos en una casa doble de ocho plantas y cuatro viviendas en cada una de ellas. Médicos, periodistas, arquitectos, notarios y hasta un hermano de mi abuelo, Pío Cela, ingeniero de caminos, canales y puertos. Pero el otro vecino al que recuerdo muy bien, aparte de César González Ruano, es el pintor Manuel Viola. Los Viola y mis padres eran también muy amigos y se veían a menudo, pero aunque se hubiese tratado de un extraño creo que habría resultado imposible no acordarse de él.

Viola nunca fue un pintor de escuela pese a que, después de muerto, se reconoció que había tenido un papel importante dentro del informalismo. Sus cuadros eran fogonazos vitales de un color que se derramaba atropelladamente fuera del lienzo, y quedaban muy lejos de todo lo que se hacía entonces. Si alguna vez hubo un artista que entendió lo que pudo ser el primer segundo de la vida del Universo, ése fue él, desde luego; cuando pintaba un cuadro se limitaba a trasladar a la tela su misma forma de ser.

Para mí, Viola fue siempre un señor mayor, con el pelo blanco y alborotado y la voz ronquísima, apagada por el tabaco, el vino y el cante jondo. Vivía con su mujer, Laurence, que era pequeñita y francesa y tenía un genio endemoniado. Quizá para olvidar tantos males, Manolo Viola estaba permanentemente rodeado de gitanos, en una juerga flamenca que se sucedía noche tras noche para desesperación de quienes pretendían dormir.

Los Viola tenían tres realquilados con derecho a cocina en su casa, que ni se inmutaban cuando aquello se llenaba de visitas. Yo subía poco a casa de los Viola, pero oía los comentarios de mis padres y rara vez dejaban de aparecer en ellos los realquilados. En primer lugar, un excombatiente, empleado del Museo del Trabajo que, quizás a título de compensación, era muy vago y se pasaba el día tirado en la cama. El excombatiente había inventado un aparato para cocer boniatos, lleno de válvulas y tornillos, al que Laurence llamaba «Le boniatósfero» haciendo grandes esfuerzos para mantener el esdrújulo. Estaba también de inquilina una señora extranjera, finísima, que despreciaba al resto de la tribu con gesto altivo y lo encontraba siempre todo mal; pero sus aires de superioridad se acabaron cuando Manolo Viola descubrió que la señora hacía trampas con el contador del gas. La otra realquilada era madre de un sargento de Infantería, hacía encaje de bolillos en la acera, delante del Pon Café, y pagaba su estancia con un chusco diario de los de reglamento. Como en la casa no quedaban ya cuartos libres, dormía en un jergón arrinconado en el estudio de Viola, un cuarto que servía un poco para todo. Durante las juergas de fandangos y soleares y las tertulias que se organizaban casi cada noche para hablar de arte y literatura, la anciana se quedaba calladita y acurrucada en su rincón, indiferente a todo lo que sucedía a su alrededor, esperando a que pasase la tormenta. Para mí que debía ser discípula de algún filósofo estoico, y a lo mejor hasta llegó a publicar algún importante tratado sobre el ascetismo, pero la verdad es que no hay forma de saberlo a ciencia cierta porque no recuerdo su nombre.

Viola regaló a mi padre algunos cuadros falsos realmente hermosos (puede que se los comprase CJC, que eso nunca quedó muy claro). Manuel Viola era capaz de pintar Chagalls, Kandinskys y Modiglianis tan bellos como los originales. No copiaba jamás ningún cuadro; se limitaba a pintar «a la manera de», y los resultados eran sorprendentes. Me sé bien la historia de por lo menos dos de esos cuadros falsos, que fueron mostrados más tarde a sus supuestos autores. El primero de ellos, un Chagall en tonos azules, con un hombre-cabra danzando en el aire, provocó las iras del pintor cuando fue enviado a París para que lo examinase. El anciano y malhumorado genio tomó un pincel y escribió, con grandes trazos, *C'est un faux*, firmando luego, también espectacularmente, *Marc Chagall*, y añadiendo, por si cupiera todavía la duda, *la signature est fausse*. El cuadro falso, con su rechazo verdadero, está colgado ahora en el despacho de La Bonanova de Camilo José Cela.

El Miró tuvo una historia parecida. Era un óleo grande y hermoso, aunque la verdad es que Manolo Viola no prestó gran cuidado en esta ocasión a los colores que, en unos tonos ocres y naranjas, resultaban lo que se dice muy poco mironianos. No he visto jamás una gama así en ninguna de las obras de Miró, si exceptuamos algún que otro de los grabados, notoriamente falsos, que se venden en el *Fisherman's Wharf* de San Francisco. Fue todo un poema cuando Joan Miró, tan tímido y delicado como siempre, se acercó por primera vez a la casa de mis padres en la calle de José Villalonga 87, en Palma de Mallorca. Cuando CJC le enseñó el óleo, el pintor no sabía qué decir. Si la tela hubiera quedado un poco más dentro de su estilo, Miró habría podido despachar el asunto con una amable sonrisa, concediendo sin decir nada, pero la *gaffe* era tan notoria que no había manera de mostrarse indiferente. Tragó saliva y, haciendo de tripas corazón, pronunció las palabras fatídicas.

—Es falso. Yo no he pintado nunca ese cuadro.

Camilo José Cela, al oírlo, se levantó bruscamente y agarró un cuchillo de encima de la mesa. Miró se sobresaltó muchísimo, quizá temiendo por su vida, y casi ni se atrevió a abrir los ojos mientras el escritor, con gesto decidido y a grandes pasos, se iba hasta el cuadro y lo hendía de arriba abajo, lenta y dramáticamente, hasta dejarlo completamente mutilado. Joan Miró se quedó de piedra.

—¡Pero qué hace usted! ¡Podía haberlo vendido!

La historia tiene un final feliz. Charo, mi madre, remendó el cuadro con infinito cuidado, cosiendo el costurón sólida y firmemente, y el pintor se lo llevó luego a su estudio. Al cabo de mucho tiempo, cuando mis padres vivían ya en La Bonanova, lo trajo de nuevo. Sobre la misma tela, en la que asomaban todavía algunos de los trazos primitivos, Joan Miró había pintado un óleo de colores, ahora sí, típicamente suyos; un cuadro de una fuerza enorme a la que prestaba empaque, desde luego, la cicatriz. Miró escribió en la parte trasera, de su puño y letra, la historia de la falsa tela apuñalada que había dado lugar a una obra auténtica. Creo que ese cuadro es ahora uno de los mejores óleos que conozco del pintor, aunque puede también que mi opinión no sea la más imparcial de todas las posibles.

Los otros amigos

Casi todos los días, mañana y tarde, mi padre se llegaba dando un paseo hasta el Café Gijón. En el Café Gijón se reunían siempre los amigos: CJC, José García Nieto, Gerardo Diego, César González Ruano, Enrique Azcoaga, Rafael de Penagos, Eugenio Mediano, Manuel Cardenal... una nube de poetas, novelistas, filósofos, artistas o, simplemente, ociosos con cierta vocación culta, que se desparramaba por las mesas de mármol jaspeado alrededor de los vasos de agua y las tazas de café. Suele creerse que el establecimiento que sale en *La colmena*, el de doña Rosa, es el Café Gijón, pero no. Se trata del Café Europeo, el que estaba en la Glorieta de Bilbao, aunque para el caso la verdad es que da un poco lo mismo.

Además de lugar de tertulia literaria permanente, el Café Gijón era un sitio que servía para muchas otras cosas. Para jugar al ajedrez; para leerle los poemas a un amigo; para pasar el tiempo con cierta comodidad sin tener que pedir más que un café en toda la tarde; hasta para escribir y todo. En el Café Gijón escribía, por ejemplo, César González Ruano, pero Camilo José Cela no lo hizo jamás allí: necesita una quietud y un silencio que no debían abundar en un zoco como aquel. Había algo, sin embargo, para lo que el Café Gijón no servía en absoluto: para pegar la gorra. Se podía sacar un café con leche de vez en cuando a algún que otro amigo que hubiera cobrado unas colaboraciones, o dejarlo al fiado, pero eso era todo: los mecenas no existían por aquel entonces, y tardaron algo en aparecer, de la mano de Conrado Blanco, en *Alforjas para la poesía*.

Quizá lo que más abundaba en el Café Gijón era la solidaridad. Casi todos los que iban por allí enseñaban muy parecidas miserias. Y la generalización de las penas, además de consolar no poco, servía para compartir lo que se tuviera: elogios, un pitillito, palabras de ánimo o, llegada la ocasión, un aval. En el Madrid de la posguerra los sospechosos necesitaban un aval para hacer casi cualquier cosa y los escritores, poetas y periodistas, por definición, movían a la sospecha. Por fortuna, todo hijo de vecino servía para otorgar avales, siempre que no estuviera fichado como republicano declarado y tampoco le hiciera ascos a eso de salir de fiador. Uno de los amigos del Gijón, Alberto Fernández Mezquita, le pidió una vez a mi padre un aval para irse a sacar el pasaporte. El escritor se lo dio, como era costumbre, y al cabo de unos días recibió el recado de que se pasara por la Dirección General de Seguridad. Le llamaba el director general en persona, el coronel de Estado Mayor don Francisco Rodríguez, Paquito para los amigos (que no debían abundar). El coronel Rodríguez estaba bastante mosqueado.

—¡Oiga usted, Cela, a ver qué pasa que no hace más que avalar rojos!

—Hombre, don Francisco, no pretenderá usted que me ponga a avalar a los coroneles de Estado Mayor.

—¡Coño, tiene usted razón! Pero vaya con ojo...

El consejo sobraba. Ir con ojo era una norma que nadie olvidaba nunca por aquel entonces, incluso sin necesidad de que se la recordase un coronel de Seguridad. Pero Alberto Fernández debió sacar bastante provecho de aquel pasaporte, porque llegó a ser, con los años, embajador de Fidel Castro en Belgrado.

Muchos de los amigos del Café Gijón han seguido cerca de mi padre, o él de ellos, según se mire, toda la vida. José García Nieto es quizás el más amigo de todos, y muchas veces le he oído su propia versión de los episodios que mi padre cuenta. En líneas generales coinciden bastante, lo que quizá sea una garantía de precisión histórica, pero deja muy en entredicho la capacidad de ambos para fabular. José García Nieto, Manolito el Pollero (quien apareció en la tertulia advirtiendo que él también vivía de la pluma, porque tenía dos pollerías en la calle de Tetuán) y mi padre debieron aterrorizar a no pocos ciudadanos temerosos de Dios cuando se paseaban camino del Gijón con un pie en la acera y otro en la calzada, torciendo el cuello, cojeando y babeando igual que una pandilla que se ha escapado del Cotolengo. Como diversión tenía la ventaja de que costaba poco dinero.

Otros amigos, como Antonio Ribera, pertenecían a una especie más doméstica. Antonio Ribera Losada era un gallego aficionado a las letras que en su pueblo, Ortigueira, había llegado a montar obras de teatro de Alejandro Casona. A falta de mejor destino, se quedó en la casa de Ríos Rosas como secretario de mi padre, con unas funciones un tanto borrosas, pero que incluían cosas como escribir cartas, llevar una especie de archivo en un cajón y hacer recados en general. Antonio Ribera fue el primero de una serie de amigos que han ido rodeando a CJC, a los que vamos a llamar «secretarios» a falta de mejor concepto. Los secretarios que han trabajado sucesivamente con mi padre tuvieron siempre cometidos más bien vagos y difíciles de precisar.

Todavía falta un amigo por incluir en la nómina de

aquellos años: el doctor Marañón. Mi padre le tuvo un respeto y una admiración que sólo se podrían comparar a los que sintió por otro gran hombre, Pío Baroja. Pero el aprecio por Gregorio Marañón iba más allá de sus dotes literarias. Yo creo que mi padre veía en él un personaje del todo anómalo en el Madrid de la posguerra, en la ciudad a la que el exilio había privado de la mayor parte de sus protagonistas.

Marañón tuvo un papel muy importante, pero del todo involuntario, en mi proceso educativo. Siempre que yo comía con los dedos, derramaba el agua o me echaba encima la sopa, uno de los dos, ya fuera mi padre o mi madre, salmodiaba de inmediato la amenaza ritual: «Si sigues con esos modales no podrás ir nunca a comer a casa del doctor Marañón.» Yo me imaginaba que la casa de Marañón debía ser un sitio con un protocolo tan rígido como el del palacio real, lleno de ceremoniosos criados que estaban siempre muy atentos para caer encima del primer invitado que se sorbiera los mocos y sacarle fuera violentamente. Por desgracia no tuve la ocasión de comprobarlo. Marañón murió antes de que mis maneras hubieran progresado de una forma notable.

Los años de la miseria

El mundo del Madrid de entonces lo retrató muy bien el Camilo José Cela de *La colmena*. No le debió costar demasiado trabajo, porque la miseria es una compañera pegajosa y difícil de evitar. Ahora, sin embargo, puede que nos sea más complicado entender su alcance; la picaresca de hoy discurre por otros senderos.

Cuando Camilo José Cela y Charo se casaron, mi

madre renunció a su empleo de mecanógrafa en el Sindicato del Metal porque en el mundo de las clases medias no tenía sentido que una mujer casada trabajase. Ni siquiera la de un minúsculo colaborador de la prensa. Como resultado previsible, mis padres andaban siempre a la cuarta pregunta. El día en que yo nací su capital se reducía a siete pesetas entre los dos, pero mantenían una criada y, algo más tarde, una niñera para que cuidase de mí, sin que nadie encontrara absurda la situación. Un florero vacío (al lado del pingüino) servía como hucha improvisada para echar las perras gordas que, más de una vez, sirvieron para ir a la compra. Por fortuna, María Hortigüela, la cocinera, había heredado unos dineros de una antigua señora suya y nos prestaba lo necesario para llegar a fin de mes.

Las camisas de mi padre se remendaban una y otra vez, dando la vuelta a los cuellos hasta que el roce los convertía en inservibles; mi madre hacía entonces cuellos nuevos con los faldones. Las chaquetas tenían peor remedio porque, al darles la vuelta, el bolsillo del pecho quedaba al otro lado. Pero al mismo tiempo Camilo José Cela tenía guardados en el armario un chaqué, un frac y un esmoquin. No, la verdad es que no resulta nada fácil entender lo que estaba pasando en el Madrid de la posguerra.

El suministro de alimentos, como todo el mundo sabe, estaba racionado en los tiempos de *La colmena*. El aceite, negro y sólido (se rumoreaba que era de coco), se despachaba envuelto en papel de estraza. El pan, entre grava y serrín, hubiera hecho las delicias de cualquier especialista actual en dietética, de esos que se preocupan siempre por las fibras. Había lujos como el azúcar que, además de venderse a un precio loco, daban pie a que se desatase el ingenio del pícaro de turno. Sólo era azúcar la delgada capa de encima; el resto, sal. Al menos en ese aspecto supuse una cierta ventaja para la familia: por cada niño pequeño daban un par de latas de leche condensada, que iban muy bien para los cafés del desayuno. Mi madre, quizá como contrapartida, o puede que en un arrebato de responsabilidad hacia su retoño, me compraba panecillos blancos y aceite de oliva en el mercado del estraperlo, pero luego, cuando me iba a jugar a la calle, yo le cambiaba el espléndido bocadillo al primer amigo que aparecía por otro de pan moreno y aceite negro. Dcbía darme demasiada vergüenza eso de representar el imposible y mentiroso papel de niño rico del barrio.

CAPÍTULO 2

CERCEDILLA Y CEBREROS

Los veranos

Cuando no se tiene ningún trabajo fijo hay que salir de la ciudad para darse cuenta de que uno está de vacaciones, así que, nada más llegar los calores, la familia se trasladaba al completo cargada de bultos, maletas y, sobre todo, cajas de papeles y libros, hasta la estación, para tomar allí un tren repleto de viajeros que huían del verano madrileño.

El primer sitio que eligieron Charo y Camilo José para pasar las vacaciones, a los seis meses de nacer su hijo, fue Avila capital, pero yo era entonces demasiado pequeño como para acordarme de nada. Con un año y medio de edad, en el verano de 1947, llegamos a Cebreros. No era ése un viaje fácil ni cómodo. Había que coger primero el tren hasta Navalperal de Pinares, y seguir luego en el destartalado autocar que bajaba por un camino de aluvión rodeado de precipicios desde Hoyo de Pinares hasta el pueblo. El autobús debió impresionar bastante a mi padre, porque le dedicó un cuento muy divertido, *Viaje a la estación*, en el que se describen los achaques de su maquinaria. El episodio está mucho mejor contado allí, desde luego, pero lo resumiré a beneficio de perezosos. Día sí y día también el viaje acababa a pie, porque el motor, cuando llegaban las primeras cuestas, no daba para más. El chófer se volvía entonces hacia los pasajeros, con la sonrisa mal disimulada entre los dientes, y decía una sola palabra:

—Bajarsus.

Era el momento en que nos bajábamos todos, en silencio, con la resignación que da la experiencia. Al terminar el repecho volvíamos a subir de nuevo, a probar fortuna. De vez en cuando a algún viajero nuevo le daba por preguntar los motivos del vía crucis, y entonces el chófer aprovechaba el próximo incidente para dar por terminado el trayecto:

—Jodersus. El palier.

El pueblo de Cebreros

Cebreros era un pueblo agrícola. Todos los pueblos de la España de esa época eran, como se decía entonces, eminentemente agrícolas, pero Cebreros había ganado cierta fama dentro de la provincia de Avila por sus viñedos. No fue ninguna pasión campesina, sin embargo, la que llevó a la familia hasta allí. Camilo Joé Cela tenía en Cebreros un conocido, el médico Mariano Moreno, y mis padres se animaron a probar fortuna veraniega aprovechando que otro de sus amigos, el dentista Oscar Bernat, les prestaba su casa. La amistad entre los Moreno y mis padres llegó a ser de las de toda la vida, pero en sus inicios hubo algún que otro malentendido. Nada más aterrizar en Cebreros, Charo y Camilo José decidieron introducirme en sociedad dando una fiesta por mi santo y, con tal motivo, mi padre hizo unas hojas que anunciaban algo así como «la presentación de Camilo José Cela Conde, nuevo en esta plaza».

Pero San Camilo caía el 18 de julio (el día del Glorioso Alzamiento Nacional, por si hay algún lector novel que no lo sepa), y Moreno, que era republicano, se negó a acudir al festejo. Envió a su mujer, Rosa, y a su hija mayor, María Elvira, en misión de descubierta.

En Madrid, los Moreno vivían muy cerca de la casa de mis padres y, entre Ríos Rosas y Cebreros, se convirtieron en sus amigos inseparables hasta la marcha de Camilo José y Charo a Mallorca y aun después; María Elvira llegó incluso a trabajar con CJC en Palma. Se conoce que los informes de la fiesta fueron favorables.

Cebreros tenía tres bancos y, lo que sorprende todavía más, cuatro médicos y un par de farmacias. Pero en todo el pueblo no había más que dos retretes, y ninguno de ellos estaba en nuestra casa. Tampoco había agua corriente en sitio alguno, así que la abundancia de boticarios y cirujanos estaba bastante justificada. Aunque, la verdad sea dicha, la selección natural debió hacer maravillas con la raza en aquellos tiempos. Durante las fiestas del pueblo, por ejemplo, se vendían quisquillas traídas a lomos de mula desde Santander, en grandes cajas y con algunos cristales de sal por encima. La gente se las comía sin mayores remilgos, pero no recuerdo que se diera en Cebreros ninguna epidemia digna de mención. Quizá las moscas servían de vacuna, o puede que los bacilos, al tragar polvo día y noche, quedasen un tanto maltrechos y sin ganas de marear.

El Cartujo

En Cebreros mi padre escribía de noche, cuando el calor se tomaba un breve respiro. Durante el resto del tiempo, es decir, muy a menudo, mi padre se llegaba hasta la fonda del pueblo, hasta el Café Madrid, a jugar a la garrafina con el dueño, Eugenio Fernández, alias Cartujo. Mi padre le ganaba siempre porque colocaba las fichas todas seguidas sin tener en cuenta el orden, pero el Cartujo, que era muy miope, nunca se dio cuenta de lo que pasaba.

—¡Qué barbaridad, don Camilo, qué suerte tiene usted con las fichas!

En el mundo del Cartujo no cabía siquiera la posibilidad de que un veraneante de Madrid hiciese trampas a la garrafina.

El Café Madrid tenía uno de los dos retretes del pueblo, pero un enorme candado, ya herrumbroso, vigilaba su clausura. A veces alguien, quizá llevado por la urgencia, se atrevía hasta a preguntar:

—¿Y eso?

—Pues que no funciona.

—¿Cómo que no funciona? ¿Y por qué?

—¡Anda, éste! ¿Pues por qué va a ser? Porque lo atascó un viajante catalán, después de la guerra.

Mi padre conserva todavía una de las mesas de mármol de la fonda del Cartujo; aquella precisamente que le prestaron durante su segundo verano en Cebreros para que pudiera llevársela a casa y empezar a escribir allí la versión definitiva de *La colmena*. Cuando Eugenio el Cartujo vendió el Café Madrid, le mandó a mi padre esa mesa blanca y rectangular, de patas de hierro y con el mármol partido por la mitad. CJC la mira todavía con añoranza. Anoten ese dato: detrás de la fachada de distante impertinencia que adopta a menudo con los extraños, Camilo José Cela es, en el fondo, un sentimental.

La feria

Las fiestas del pueblo tenían lugar inmediatamente después de la vendimia. Cebreros se llenaba entonces de tenderetes repletos de maravillas, a cada cual más tentadora, y junto a la iglesia, al socaire de un muro alto que los mayores utilizaban para jugar al frontón, se instalaba la feria. La feria no era gran cosa: algunos billares, un tiovivo, una caseta de monstruos absolutamente ortodoxos (la Mujer Barbuda, el Enano más Pequeño del Mundo, el Hombre Lobo) y una batería de columpios en forma de barca a los que, a fuerza de vaivenes, siempre había algún mozo capaz de hacerles dar la vuelta de campana. Al secretario de mi padre, Antonio Ribera, los columpios le parecían muy peligrosos y no me dejaba ni siquiera acercarme a mirar, por mucho que le insultase y le llamara cobarde y gallina. Mi padre se ganó un sitio definitivo en mi corazón una noche en la que no sólo me permitió subir con él a una de esas barcas reservadas para mayores, sino que empeñó su prestigio en hacerla volar hasta lo más alto. Animado por mis gritos de aliento llegó a ponerla casi horizontal, yendo más arriba que las que estaban a los lados y acercándose más y más al muro en cada envite. He asistido a lo largo de mi vida a no pocos momentos de triunfo de Camilo José Cela (su discurso de entrada en la Real Academia de la Lengua; la entrega del Premio Nacional de Literatura; la concesión de un coche en la época de los Seat seiscientos; el pateo de *María Sabina* en el teatro de la Zarzuela), pero aquél tuvo un mérito especial, porque mi padre ha podido presumir en muy raras ocasiones de ser un atleta.

La colmena

Cuando la gente habla de Camilo José Cela suele identificarle, ante todo, con *La familia de Pascual Duarte*. *Pascual Duarte* es una novela sorprendente, desde luego, y más aún si se tiene en cuenta que es la *opera prima* de un escritor de veinticinco años; a esa edad CJC había adquirido ya una madurez literaria envidiable. Pero el *Pascual Duarte* no es el libro que me gusta más de los de mi padre. Hay tres novelas dentro de la obra de Camilo José Cela que forman una especie de ciclo y que yo destacaría sobre el resto: *La colmena*, *San Camilo, 1936* y *Mazurca para dos muertos*. Todas ellas retratan el mundo que da vueltas alrededor de la Guerra Civil, de las gentes que protagonizaron, de grado o por fuerza, esa orgía extraña y cruel y se instalaron para siempre jamás en la memoria del escritor, parasitando su conciencia.

Camilo José Cela escribió cinco versiones distintas de *La colmena,* muchas de ellas a salto de mata y en lugares imposibles de señalar. Pero la última tiene una localización precisa: fue redactada en Cebreros, durante el segundo verano de nuestra estancia allí, en la peor de las casas que llegamos a ocupar en el pueblo. La casa estaba en el barrio del Azoguejo y tenía dos plantas. Mi padre escribía en la cocina del piso de arriba, un cuarto en el que había que entrar acurrucado para no dar con la cabeza en el techo. En medio de la cocina quedaba la mesa que le había prestado el Cartujo y, sobre ella, las cuartillas, la pluma y el frasco de tinta. El recado de escribir de Cebreros era idéntico al que yo había visto antes en Madrid y al que vería después en Pollensa, en Palma o en cualquier parte del mundo en que Camilo José Cela esté escribiendo.

Porque CJC escribe siempre a mano, mojando la pluma estilográfica en el tintero para no tener que cargarla y pringándose, de paso, todos los dedos. Traza las palabras lentamente, como dibujándolas, y corrige muchísimo, dando vueltas y más vueltas a los originales. A la hora de enmendar, es implacable; tacha con infinito cuidado lo que no sirve, emborronándolo a conciencia para que no pueda leerse nunca más ni aun haciendo un esfuerzo, e intercala luego las nuevas frases y los párrafos añadidos, una y otra vez, colocándolos, con letra diminuta, allí donde queda sitio. Los remiendos ocupan márgenes, espacios entre renglones y esquinas, con las líneas que los sitúan en su lugar cruzando por encima del texto hasta que la página, a fuerza de enmiendas, tachaduras, referencias y borrones, acaba convertida en una tela de araña casi imposible de descifrar. Tan sólo Charo, con una paciencia infinita y todo el amor del mundo, es capaz de traducir el manuscrito y pasarlo a unas cuartillas susceptibles de ser enviadas a la imprenta; muchas veces ha tenido que utilizar la ayuda de una lupa para conseguirlo*.

En Cebreros CJC escribía, como ya se dijo, por las noches, cuando la calor dejaba de apretar y los grillos sustituían al chirrido de las cigarras en el coro del pueblo. La luz de la cocina quedaba encendida hasta muy tarde en medio de la calma del Azoguejo y atraía al principio la curiosidad de los vecinos de Cebreros, pero pronto dejaron de prestarle atención. Eran cosas del señorito de Madrid.

---

* Quien piense que exagero encontrará una muestra de los manuscritos de CJC en el apéndice documental.

Algo acerca de la censura

Si *La familia de Pascual Duarte* había lanzado a Camilo José Cela a la fama, *La colmena* significó su consagración definitiva. Y a ese éxito contribuyó en cierto modo la torpeza de la administración franquista. Es difícil saber si alguna de las versiones anteriores de la novela habría gustado más a los censores, pero la última, desde luego, no les hizo ni la menor gracia. *La colmena* fue prohibida, y su primera edición tuvo que salir en Buenos Aires, en la editorial Emecé. La verdad es que CJC había tenido desde los mismos comienzos de su carrera literaria sus más y sus menos con la censura. Tomás Cerro Corrochano y Pedro Rocamora, directores generales de Prensa y Propaganda respectivamente, se cruzaron en el mes de junio de 1946, justo cuando yo iba por mis cinco meses de vida, unas cartas bien curiosas cuyo contenido, por aquello del valor histórico, merece la pena reproducir. Las vierto sin más enmienda que la de un par de errores de mecanografía, respetando el particular criterio ortográfico y sintáctico de los próceres en cuestión. En la primera de ellas, el director general de Prensa escribe al de Propaganda:

> *Querido Rocamora:*
> *He tenido un pequeño incidente en censura, con motivo de una novela de D. Camilo José Cela, titulada "La familia de Pascual Duarte", que, en su cuarta edición, lleva un prólogo del Dr. Marañón. Me figuro que esta novela se ha publicado con la debida autorización. Por si te es de alguna utilidad, te diré que el protagonista describe el adulterio de su madre y el de su propia mujer, la vida de prostitución de su hermana, la escena en que viola a una chica de su pueblo en el cementerio y sobre la tumba en que acaba de*

ser enterrado su hermano (fruto adulterino de los amores de su madre antes aludidos) y todo ello lo hace "con tan brutal crudeza" (la frase no es mía sino de la referencia bibliográfica publicada en el número 140 de ECCLESIA), que sinceramente te confieso que por mi parte lo considero en absoluto intolerable. Si necesitas la novela, la tengo a tu disposición. Por cierto que me costó cuarenta pesetas.

Un abrazo,

Tomás Cerro

Una semana después el director general de Propaganda enviaba su respuesta:

Querido Tomás,

Contesto a tu carta del 11 del cte. sobre la novela de Camilo José Cela, titulada "LA FAMILIA DE PASCUAL DUARTE".

Camilo José Cela me parece un hombre anormal. Tengo la satisfacción de haberle suspendido en derecho civil. Su novela me la leí el otro día a la vuelta de Barcelona, en las dos horas que duró el viaje en avión. Después de llegar a mi casa me sentí enfermo y con un malestar físico inexplicable. Mi familia lo atribuía al avión, pero yo estoy convencido que tenía la culpa Cela. Realmente es una novela que predispone inevitablemente a la nausea.

Esta novela fue autorizada antes de llegar aquí yo; la única novela que ha intentado publicar el genial Sr. Cela siendo yo Director General, he tenido la enorme satisfacción de prohibírsela. Creo que en peñas y cafés enseña alegremente la hoja de censura en que consta esta prohibición.

Te envía un fuerte abrazo.

Firmado: Pedro Rocamora.

El original de la carta de Rocamora y la copia de

la de Cerro Corrochano llegaron a manos de CJC gracias a la intervención de una secretaria del segundo, una chica muy mona que las robó del despacho. A la moza, por lo visto, le caía mejor mi padre que su jefe.

Como fácilmente podrá adivinar el lector, la persecución oficial organizada por semejantes individuos no impidió en absoluto que las novelas de Camilo José Cela se vendiesen en España, y muy bien por cierto. La mayoría de los ejemplares de *La familia de Pascual Duarte* esquivaron la orden de secuestro porque CJC fue por las librerías de Madrid, una a una, dando el aviso antes de que llegase la policía. La novela que se jacta de haber prohibido el señor Rocamora, por su parte, es una primera versión de *La colmena* que mi padre presentó a la censura diez días justos antes de que yo naciese.

La colmena, como ya se dijo, acabó por salir en febrero de mil novecientos cincuenta y uno en Buenos Aires. En el pie de imprenta de las siguientes ediciones, las de la editorial Noguer, figuraba México, pero se hacían en realidad en Barcelona y estaban a disposición del lector en casi todas las librerías españolas, por el acreditado sistema de esconderlas en la trastienda o de guardarlas, simplemente, bajo el mostrador.

El veto

Incapaces de detener la carrera literaria de Camilo José Cela, los censores tramaron una venganza cruel: la de expulsarle de la Asociación de la Prensa de Madrid y prohibir que su nombre saliera en la prensa. Se me escapa la medida en que tal persecución contribuyó al éxito de *La colmena*, pero sus consecuencias, en aquellos momentos, fueron de cierta gravedad para la familia: mi padre se había quedado de golpe sin su principal medio de vida, es decir, sin las colaboraciones en los periódicos y las revistas, en una época en la que no podía vivir de ninguna forma de lo que le daban sus novelas. Por fortuna salió muy pronto una traducción inglesa de *La colmena* que le ayudó en parte a capear el temporal.

El veto al nombre de mi padre tuvo sus más y sus menos. Algunos artículos, por lo general anónimos, siguieron una estrategia de acoso no demasiado sutil. En el comentario cultural de *Arriba* del 28 de marzo de 1951 se concluía, por ejemplo, que:

> «Los novelistas ''fuertes'' saben escribir, pero no lo que tienen que escribir (...). Y ''La familia de Pascual Duarte'' [es] un ejemplo de libros que no se deben escribir.»

La primera reseña de *La colmena,* también anónima y publicada en Montevideo, animaba a Camilo José Cela a cambiar de oficio. *ABC,* siempre más comedido, se limitó a publicar un suave tirón de orejas en un artículo de Pemán. Juan Aparicio, el director de *Pueblo,* reconocía que la novela le había gustado, pero desde sus escrúpulos «de moralista, de político, de hombre cristiano», echaba a mi padre en cara varias cosas: que fuera uno más de los autores desengañados de la posguerra, que *La colmena* tuviera ecos de escritores extranjeros como Joyce o Dos Passos, y que retratase un Madrid tendencioso, porque, como decía Aparicio,

> «Al Café Europeo asistió varias veces José Antonio, y en sus reuniones se fue gestando el clima

literario y la temperatura popular de la Falange, lo más opuesto al clima y la temperatura de ''La colmena''.»

El Alcázar, por su parte, también acosaba, pero por lo menos lo hacía con sentido del humor. En un pequeño suelto del 10 de abril de 1951 se publicaba, sin firma, lo siguiente:

> «EL PAJARO DE PAJA incluye un ''poema humilde'' de Camilo José Cela, con una nota del autor que dice: ''Este poema fue pateado entusiásticamente en el teatro Lara el día de la inauguración de *Alforjas para la poesía''.* Añadimos: los espectadores tenían razón.»

Valentín Bleye dio una versión más completa del episodio del pateo en *Nueva Rioja* de Logroño, *Albacete* y el *Diario de León:*

> «Recordemos el ''pateo ruidoso'' (...). Este poema comenzaba así: ''Yo, señores, soy una especie de pequeño cabrito aterido de frío, que se rasca los pliegues de su vientre con cierta lentitud, e incluso parsimonia...'' A partir de la voz ''cabrito'' el escándalo hizo imposible una sosegada audición. Cela lo recuerda con orgullo.»

Sería injusto, sin embargo, afirmar que todo lo que se publicaba sobre Camilo José Cela en el año cincuenta y uno era de ese talante. La prensa de provincias incluía elogiosas crónicas de las conferencias de mi padre, y tanto Francisco Cossío en *Madrid,* como Melchor Fernández Almagro en *La Vanguardia* y *ABC,* se atrevieron a hablar con bastante objetividad de la novela. Más lejos todavía fueron Ignacio Aldecoa, en su espacio *Crítica al Aire* de la emisora de radio del Sindicato Español Universitario, y Eduardo Haro Tecglen en el *Diario de Africa,* al hacer unas críticas en las que no se escatimaba ningún elogio.

Es verdaderamente difícil entender la estrategia del Gran Hermano en esos años de la posguerra. Mientras en Madrid se daban órdenes oficiales de boicot a Camilo José Cela, a la conferencia pronunciada por el escritor en Tetuán el día 9 de abril de 1951 acudían nada menos que el Alto Comisario, dos generales, los delegados de Economía, Educación, Cultura y Hacienda, el jefe del gabinete diplomático, el Secretario del Protectorado de Marruecos, el interventor territorial y el director de Prensa. Si el orden del protocolo está equivocado, las reclamaciones deben dirigirse al diario *España* de Tánger, que publicó un suelto en el que, además de dar la lista de asistentes ilustres, se decía que Camilo José Cela fue muy aplaudido por su brillante trabajo.

A su vuelta a Madrid CJC le dijo a un periodista en el Café Gijón que se había comprado en Africa una esclava por setenta duros y que, aun cuando le ofrecían ya quinientas pesetas por ella, no pensaba venderla, porque la esclava tenía un hijo de tres años que, a la larga, podía asegurarle a mi padre la vejez. No recuerdo haber visto ninguna mora en casa, ya sea madre o doncella, pero la idea era buena. Para ser justos con la fidelidad de esta crónica, tengo que reconocer que *El Alcázar* publicó la anécdota, retractándose además de la forma como había tratado antes el pateo de *El pájaro de paja,* y sosteniendo, finalmente, que el público no tenía razón.

Las conferencias

El viaje a Tetuán sirvió para cimentar la carrera de conferenciante de mi padre. A los temas literarios habituales (teoría y técnica de la novela; los libros de viajes; literatura y política; la condesa de Pardo Bazán) pudo añadir algo tan exótico y atractivo como el mundo africano. Camilo José Cela no había estado más que unas horas allí, pero se las arregló para que le contratasen una charla en Béjar con el título de «Visión rápida de la Yebala», tema marroquí que, según el diario salmantino *El Adelanto,* era «de su especial dominio». Hacia Béjar salieron José García Nieto, Pepito para los amigos, y CJC; lo que se dice una cuadrilla la mar de equilibrada. Pepito García Nieto, «que tan alto puesto ocupa entre los poetas modernos» (*El Adelanto,* de nuevo), iba a hablar del «Encuentro con la poesía española de hoy», con presentación de Camilo José Cela. Al día siguiente se invertían los papeles de conferenciante y presentador.

El trayecto, en tren, fue alegre y cómodo, al menos al principio. Pero a pesar de que la conferencia de mi padre mostraba ya en su título una evidente intención de curarse en salud, al escritor le fue entrando, a medida que el tren se acercaba a Salamanca, algo así como un amago de remordimiento y se entregó a documentarse a fondo, dentro de lo que cabe, merced a una guía de bolsillo sobre Africa que llevaba consigo por si las moscas. La «numerosa y docta concurrencia que llenó el vasto salón del Casino Obrero» (siempre *El Adelanto*) salió de la charla muy complacida.

Pronunciar una conferencia era un episodio común en la estrategia seguida por el pícaro literario de aquel entonces, ya fuera poeta, periodista o escritor, para ha-

cerse con unos ansiados duros. La costumbre ha per-
durado; puede comprobarse fácilmente sin más que repasar las actividades del Instituto de Cooperación Ibe-
roamericana (antes Instituto de Cultura Hispánica) o
los programas de las universidades de verano. Pero sería una equivocación pensar que el joven e ilustre novelista daba conferencias sólo por los honorarios. Camilo José Cela tuvo siempre un curioso (y soterrado)
amor por la erudición, sea ésta del tipo que fuere, incluso en sus menores y más modestos grados. Tal debi-
lidad del escritor se conoce en nuestra familia con el
nombre, ya popular, de «erudipausia». Cualquier cosa
que huela a ciencia incluye para CJC la agradable sensación de la Verdad, con mayúscula; puede que no haya
leído lo bastante a los filósofos popperianos.

Mi padre tiene, pues, las conferencias como algo
parecido a la isla que promete una firme y definitiva
seguridad en medio del caos de un océano rebosante
de miserias literarias. Son aquello que conduce sin rodeos hacia el oculto y misterioso mundo de la razón,
alejándose de las siempre melifluas emociones. Entre
un poeta y un mozo de laboratorio este último sabe muy
bien, por lo menos, lo que quiere.

Tan victoriana forma de pensar tenía necesariamente que conducir a un Camilo José Cela muy distinto del ser vital y mágico que es capaz de componer
un paisaje de tanta belleza como el que inaugura su
Mazurca para dos muertos. No es raro pues que las conferencias de CJC, con la excepción de aquellas que con-
sisten en la lectura comentada de algún libro suyo, inun-
den al oyente con un abrumador diluvio de sesudas citas, de alardes doctos y de sabias precisiones, es decir,
de todo aquello que acompaña habitualmente a la más
bien inútil erudición. Para goce del público avisado (que

a veces lo hay) ese cuadro estremecedor se salva gracias al detalle de que resulta raro que Camilo José Cela sepa gran cosa del tema de su discurso. La charla de Béjar sobre Africa despertó en él la conciencia de que lo que importa de verdad es cómo se dicen las cosas y no lo que se dice, tradición que viene de lejos y que ha culminado, en su faceta más tediosa, en los discursos de cualquier candidato a presidente del Gobierno. Las conferencias de CJC están, obviamente, en otra onda. Gracias a su absoluta carencia de prejuicios sobre el tema a tratar, tienen la belleza de la música literaria dedicada a armar un etéreo andamio sobre el vino, la publicidad, el lenguaje o, si alguna vez se tercia, los cerros de Ubeda. Creo que, bien pensado, merece la pena asistir a ellas.

Las conferencias suponen, además de una ocasión magnífica para ejercitar la erudipausia, un sinfín de oportunidades de lucimiento ante auditorios nuevos y cambiantes. El único cuidado que debe tenerse es el de llevar una nómina cuidadosa y puesta al día de las charlas que ya se han dado. Como la ciencia, incluso la de CJC, resulta siempre limitada, se corre el riesgo de dar un bis. Creo que fue en Orense donde la prensa local, con motivo de una de las charlas preferidas de mi padre, puso por las nubes al escritor, pero no sin puntualizar que les había gustado más todavía en ocasión del estreno, un par de años antes, cuando dio la misma conferencia en aquel lugar. Charo utiliza desde ese día un archivo en el que va apuntando localidad, fecha y título de las conferencias.

Pero tampoco es cosa de entrar en inútiles purismos. Cada actuación de CJC es única porque, al margen de las cuartillas leídas, queda siempre lugar para la sorpresa. Cuando mi padre iba por la Península de plaza en plaza solía preparar con mucho cuidado la puesta en escena y, gracias a ello, rara vez dejaba de acompañarle el éxito. Camino de Santander, allá por los primeros años setenta, Camilo José Cela y su secretario, chófer y amigo Fernando Sánchez Monge, «el Sánchez», aprovecharon una parada en Palencia, viniendo de Salamanca, para comprar sendas sotanas de las de clérigo montaraz. Camilo José Cela cruzó Santander vestido de cura y soltando tremendos improperios a las adolescentes con las que se encontraba. Las mozas huían despavoridas ante el espectáculo, pero peor aún fue la llegada al salón donde debía tener lugar la conferencia. Uno de los organizadores, profesor de literatura, entre incrédulo y temeroso, besó la mano a CJC.

—No tenía ni la más ligera idea de que fuera usted sacerdote.

Creo que la conferencia acabó en otro sonoro, rotundo y memorable éxito de crítica y público.

Las vacaciones: Cercedilla

A partir de mis cuatro o cinco años la familia mudó sus cuarteles de verano a la sierra de Madrid, a Cercedilla. No recuerdo a qué vino el cambio; quizá CJC buscase nuevos panoramas y la sierra, desde luego, significaba algo distinto. Al contrario que Cebreros, donde mis padres eran los únicos veraneantes, Cercedilla empezaba ya a convertirse en un pueblo de vacaciones que disponía hasta de chalés. Al final del pueblo, en la parte opuesta a la de la estación, había dos chalés gemelos que se llamaban «Tú» y «Yo». «Tú» era el nuestro.

Cercedilla formaba media luna alrededor de una pequeña colina atravesada por el túnel del tren. Desde

la estación a casa había un buen trecho yendo por
el pueblo, pero si se cruzaba el túnel el camino era
mucho más corto. Mi padre iba muy poco al pueblo,
que no tenía la gracia de Cebreros, pero mi madre
y yo sí que bajábamos muchas veces hasta la estación y lo más corriente es que fuésemos por el túnel.
A mi madre no le hacía demasiada gracia tener que
ir andando sobre las piedras y las traviesas de las vías,
pero la verdad es que se ganaba mucho tiempo y yo,
además, tenía la oportunidad de ir haciendo equilibrios sobre los raíles. Lo mejor de todo era que los
trenes, sin ser gran cosa, pasaban con cierta frecuencia y, alguna que otra vez, te cogían en la oscuridad.
Era muy emocionante meterse en los refugios del túnel, dispuestos a cada poco como hornacinas a lo largo
de la pared, y ver pasar a toda velocidad, armando
un ruido infernal, los vagones iluminados. Siempre
que íbamos por el túnel yo me ponía a dar bocinazos
con la boca, para que mi madre se asustase creyendo
que llegaba el tren, pero la verdad es que se me veía
mucho el plumero.

La bicicleta

En Cercedilla mis padres me regalaron mi primera
bicicleta. Durante el segundo o tercer verano que pa-
sábamos en el pueblo, a mediados del mes de julio (el
día dieciocho era San Camilo, ¿lo recuerdan?), apareció mi padre con un gran paquete que había traído a
cuestas desde Madrid. La bicicleta era roja, con las ruedas y el manillar niquelados y los puños de goma negra, es decir, como casi todas las bicicletas del mundo,
pero era mía y eso significa muchísimo para un niño.

Sobre todo teniendo en cuenta lo que me había cos-
tado convencer a mi padre.

—Pero, ¿tú sabes montar en bicicleta?

—¿Cómo que si sé montar en bicicleta? ¡Pues claro
que sé! ¡Sé perfectamente!

—Yo no te he visto nunca...

Ahí tenía atrapado a mi padre.

—¡Claro que no! ¡Porque no tengo ninguna!

—¿Y cómo has aprendido?

—En el pueblo... Con los amigos...

En esos casos lo mejor es no precisar.

La llegada de la bicicleta le confirmó a mi padre
lo que ya suponía desde algún tiempo atrás: que su hijo
era un poco, ¿cómo diríamos?, subnormal. Nada más
deshecho el paquete e infladas las ruedas, con la familia reunida en cónclave en la terraza del chalé, me subí
muy convencido al artilugio, arranqué, anduve vacilante
un par de metros y me caí de cabeza por las escaleras,
dando vueltas de campana, hasta llegar al jardín. Mi
madre se asustó mucho, pero a CJC le preocupaba más
mi salud mental que los rasguños. Desde entonces me
sometía de vez en cuando a un *test,* para intentar llegar
a una conclusión definitiva sobre el alcance de mis ideas.

—A ver, niño, ¿cuántas patas tiene una vaca?

Yo ponía cara de inocente y le contestaba muy serio.

—¿Una vaca? ¿Una vaca de las del pueblo?

—Pues claro, coño, de las del pueblo o de las que
sean.

—¿Patas de delante o patas de detrás?

—Patas de todos lados, ¿será posible?

—Tres.

—¿Tres, qué?

—Tres patas. Tiene tres patas.

Como no acababa de decidir si le tomaba el pelo o no, mi padre se quedaba pensativo y medio triste. La familia no tenía posibles para ponerme un estanco o una gasolinera si acababan por confirmarse sus más negras sospechas acerca de mi capacidad mental.

El episodio de la bicicleta se resolvió con bastante cordura y no demasiado daño para mi dignidad poniéndole unas ruedas pequeñas que sostenían a uno y otro lado la rueda trasera y aseguraban el equilibrio, pero se me prohibió acercarme a los escalones que remataban la terraza. A los pocos días, después de una mañana especialmente movida, me desmontaron también el timbre del manillar.

Dos mundos diferentes

Cercedilla estaba llena de encantos para un niño: las zarzamoras madurando día a día a medida que iba avanzando el verano; el rocío que formaba gotas pequeñísimas en cada una de las hojas de la yerbabuena; los estanques cubiertos de nenúfares donde, con muchísima paciencia, sin mover un solo músculo, podías lograr que se te acabara subiendo una rana a la mano; las paredes de mampostería que separaban las fincas, llenas de huecos en los que, de vez en vez, se asomaba un alacrán; el cauce del torrente, tan seco como la cubierta de un bote varado en tierra y lleno de cantos redondos, pulidos y blanquísimos, igual que esferas de alabastro acabadas de tallar; las tiendas del pueblo, con las pegajosas tiras de papel matamoscas colgando del techo y cubiertas, a guisa de trofeos, de cadáveres de insectos; el estanco en el que vendían manojos de petardos, cerillas, mechas de cordón grueso y, en general, todo lo que me estaba prohibido comprar; la barbería, con la puerta protegida por un cortinaje de piezas metálicas que, una vez desmontadas, servían muy bien de munición para los tirachinas.

Yo no podía comprender por qué los mayores eran incapaces de apreciar todos esos encantos y daban, en cambio, mucha importancia a verdaderas tonterías. Mi padre, por ejemplo, hablaba siempre con arrobo de los nombres de las montañas de los alrededores: La Mujer Muerta, los Siete Picos... Lugares que obligaban a dar unas caminatas interminables solamente para acercarse a ellos. Pero Camilo José Cela parecía tener una verdadera obsesión por los paseos fatigosos en busca de sitios y gentes para hablar con los campesinos, los vaqueros, los vagabundos y los mendigos e ir apuntando en un cuaderno de tapas negras y hojas cuadriculadas los apodos, los refranes, las canciones y los nombres de los arroyos y las peñas. Puede que en realidad viviéramos en dos mundos diferentes. Uno de animales y cosas diminutas, como el botón amarillo del centro de las margaritas, el vuelo de las libélulas sobre las charcas, o el suave rastro que dejan por la noche los gusanos de luz. El otro, de asuntos graves y difíciles: el parto de una muchacha a la que sacaron de su casa, los tejados medio derruídos de las cabañas de la colina, el estertor del viejo que se muere en la penumbra, iluminado apenas por la temblorosa luz de un quinqué. Algunas veces mi padre me cogía de la mano durante el paseo y entonces, durante un momento, los dos mundos se fundían en uno solo. Pero me daba un poco de miedo asomarme al que quedaba del otro lado.

Capítulo 3
DE CARACAS A POLLENSA

El Dorado

En el mes de mayo del año mil novecientos cincuenta y tres mi padre cruzó el Atlántico a bordo de un avión de hélice, con cien pesetas en el bolsillo y un divieso en la nalga izquierda. Cuatro o cinco meses después volvió de América millonario y con el culo lleno de furúnculos para toda la vida; tales eran las posibilidades que se brindaban por aquel entonces a los indianos. Pero no vayamos tan aprisa; la historia merece contarse con más detalle y atención.

El joven y ya famoso escritor español sobrevivió en Colombia, Ecuador y Venezuela como los soldados de la gloriosa Infantería: a fuerza de improvisar sobre el terreno con los recursos que le iban saliendo al paso. Se había llevado algunos ejemplares de libros lujosamente encuadernados para regalar a las autoridades y gente de bien, pero tan diplomática previsión se le torció enseguida, nada más pisar tierra americana. El primer libro de todos estaba destinado al señor presidente de Colombia, Laureano Gómez, y llevaba grabadas sus iniciales: LG. Un golpe de Estado, quizá habitual pero en cualquier caso inoportuno, convirtió el espléndido ejemplar, con sus cueros y sus dorados, en algo inútil y hasta un poco peligroso justo el día en que Camilo José Cela llegó a Bogotá. Bastantes años más tarde mi padre se lo regalaría a Lorenzo Goñi, aprovechando la coincidencia de las iniciales, sin que el pintor entendiese demasiado bien a qué venía tanta largueza.

Gracias a las conferencias y las charlas literarias CJC pudo enviar algo de dinero a Madrid para Charo y el resto de la familia (o sea, yo), e incluso llegar a Venezuela habiendo comido casi todos los días. En ese momento sus ahorros ascendían a un dólar americano que, por desgracia, no le alcanzaba para subir desde el aeropuerto de Maiquetía a Caracas. Unos amigos gallegos que fueron en su busca le sacaron de apuros.

Venezuela supuso para mi padre encontrar su El Dorado personal, aunque un tanto de rebote. En realidad el viaje pudo muy bien haber finalizado antes de llegar allí; Camilo José Cela había sido invitado por el Centro Gallego venezolano para que, aprovechando su gira americana, diera un par de conferencias en Caracas, pero se entretuvo demasiado en Quito y los gallegos, molestos por el retraso, le enviaron un telegrama diciéndole que era demasiado tarde ya para ir a Venezuela. Ahora bien, una persona tan tozuda como CJC no iba a arredrarse por un simple papel, así que hizo caso omiso del mensaje y se embarcó en uno de los tambaleantes aeroplanos que cruzan los Andes en zigzag, como quien sube por una escalera, hacia el Caribe. Tuvo la suerte de encontrarse allí con un país en el que el dictador del momento, Pérez Jiménez, echaba en falta las relaciones públicas. La llegada de un escritor de la madre patria era una ocasión magnífica para recuperar el terreno perdido, así que a mi padre le hicieron, ya de entrada, Huésped de Honor de la

República, con derecho a diploma y, si no recuerdo mal, hasta a banda.

Pero los honores diplomáticos eran sólo una mínima parte de las oportunidades que ofrecía Venezuela a un escritor joven, decidido y muy seguro de sus artes literarias. Las recepciones en palacio le sirvieron a Camilo José Cela para meter un pie en el mundo de la alta política caraqueña y, además, en un momento especialmente indicado. El ministro del Interior, Laureano Vallenilla Lanz, tenía el proyecto de encargar una novela a un escritor famoso con la única condición de que su argumento versase sobre aquel país y, antes de que mi padre llegase a Venezuela, dudaba entre Hemingway, Albert Camus y Camilo José Cela. Ya fuese por la oportunidad de su presencia, o por las ventajas de la lengua común, el caso es que CJC se llevó el encargo.

Una novela venezolana

El contrato de la novela venezolana suponía una suma increíble de dinero para un cronista de la posguerra española, y hasta para un potentado del momento: tres millones de pesetas de aquella época en la que la palabra «millonario» servía textualmente para definir a los ricos. Todas las miserias y las estrecheces desaparecían, de pronto, como por ensalmo. Pero a mi padre le costó muchísimo trabajo y varios meses de gestiones cobrar su anticipo; la nube de funcionarios que se interponía entre él y el ansiado cheque, además de constituir esa especie de barrera natural propia de toda burocracia que se precie, pretendía llevarse las comisiones habituales. CJC cuenta una versión la mar de novelesca de aquellas peripecias, incluyendo atentados, amenazas de muerte, atracos y tiroteos en los que él figura siempre como el héroe que, con la abnegada ayuda de la colonia gallega de Caracas, se salva en el último momento. Como no acabo de estar seguro de la fidelidad histórica de esos episodios, los elimino de este científico tratado sobre la vida del escritor.

En el mes de noviembre, de vuelta en España, el mundo de Charo y Camilo José cambió de una forma radical. Las estrecheces anteriores quedaban sepultadas en el lujoso mausoleo del oro venezolano. Con un criterio encomiable mis padres decidieron que, una vez acabada la novela que CJC tenía que escribir con trasfondo venezolano (una novela que ya tenía nombre: *La catira*) y nada más cobrados todos los derechos de autor, no harían otra cosa que dedicarse en cuerpo y alma a gastarse el dinero, dólar a dólar, hasta el último céntimo. Camilo José y Charo se habían dado cuenta, de repente, de que podían irse de viaje, cenar fuera de casa, regalarse con una cubertería de plata y hacer todas esas cosas que antes les quedaban demasiado lejos; resulta comprensible que no estuvieran dispuestos a perder la ocasión. Quienes opinan que *La catira* no es una de las novelas importantes de Camilo José Cela es seguro que no se han dignado a preguntar a mis padres su parecer.

Festejo en Casablanca

La primera celebración del contrato venezolano estuvo a punto de convertirse en la última. Mis padres se decidieron por un festejo de lo más clásico: una paella en Riscal rematada, al caer la tarde, por un baile en Casablanca, la sala de fiestas de moda. Rosa y Mariano Moreno y José Manuel Caballero Bonald, como amistades más íntimas, formaban con Charo y Camilo José un grupo en el que la alegría, notoriamente acentuada por las botellas de vino tinto que habían acompañado a la paella, había llegado todo lo lejos que cabía esperar en semejante ocasión. Casablanca era una *boîte* enorme, escalonada como el aula magna de una facultad universitaria, pero con menos pendiente. El grupo de CJC y sus amigos estaba instalado en una de las largas mesas, brindando a la salud del continente americano, cuando el destino se cruzó en la figura de uno de los artistas que, vestido de legionario y con grandes contoneos y afeminados gestos, pretendía hacerse con el distinguido público desde el escenario. A Camilo José Cela le dio la vena guerrera; se puso en pie y le gritó con todas sus fuerzas:

—¡Maricóóón!

—¡Tu padre! —contestó un voluntarioso admirador del arte, desde un poco más arriba de la sala.

No está nada claro el detalle de lo que sucedió luego; por lo menos no consta quién lanzó la primera piedra. Pero lo cierto es que entre aquellos que optaban por dar un escarmiento a los artistas demasiado atrevidos, sus adversarios y los camareros, se armó una batalla campal de las que hacen época. Mesas, lámparas, vasos, ceniceros y botellas volaban de arriba abajo y de un lado a otro, entre gritos e insultos, igual que si se tratase de la escena de la pelea en el salón de un *western*. Rosa Moreno, armada con un zapato, daba golpes al primero que se acercase, ya fuera amigo o enemigo, y animaba a mi madre a sumarse a la campaña, pero Charo, que no siempre parece vasca, se resistió. Llevaba medias nuevas, de las de cristal, y no era cosa de estropeárselas. Pero incluso sin su ayuda, Casablanca acabó convertida en una premonición del apocalipsis.

Puede dar una idea de la magnitud épica del tumulto el que los daños que se reclamaron luego en el juzgado ascendían a veinte mil pesetas de las del año mil novecientos cincuenta y tres. El mobiliario y la decoración del local, todo junto, no podían andar muy lejos de esa cifra.

Cuando llegó la policía a poner paz (la Guerra Civil estaba aún demasiado cerca como para permitir según qué desmanes) y comenzaron a serenarse los ánimos, mi padre pidió un pañuelo a Charo.

—Me he mojado completamente los pantalones. Debo haberme sentado en algún charco.

Era algo peor. Alguien, durante la pelea, había propinado un enorme navajazo en la nalga izquierda a CJC y éste, con la excitación del momento, ni siquiera se había dado cuenta.

Ese navajazo fue el comienzo de una larga serie de problemas para las castigadas nalgas de un escritor que permanece sentado durante la mayor parte del día. Desde entonces, Camilo José Cela ha sufrido en sus cada vez más nutridas carnes hasta un total de veinte operaciones, más o menos cruentas y profundas, en el intento de limpiar, drenar, remendar y componer los abscesos que regularmente le van saliendo, siempre en el lugar de la cicatriz. Hasta en el curso de sus viajes (en La Coruña, en Londres) ha tenido que ponerse en manos del cirujano. Con el paso de los años y la pérdida de la paciencia, mi padre ha ido tomando a peor eso de volver al quirófano tan a menudo. Hay que reconocer que todo el montaje de las camillas, los sueros y los bisturíes es una ordinariez, así que CJC procura combatir la inevitable depresión de todo paciente adornando sus idas y venidas del quirófano con algún que otro recurso capaz de mantener alta la dignidad. Pondremos un ejemplo. Internado en el hospital de la Cruz

Roja de Palma de Mallorca con motivo de la cuarta o quinta apertura del furúnculo de la nalga, CJC se negó a que le bajaran a la sala de operaciones si no se ponían a aplaudirle todos los de la planta. Enfermeras, personal subalterno, monjas, pacientes, familiares y médicos tuvieron que alinearse a lo largo del corredor y vitorear al paso de CJC, que iba metido en la camilla y saludaba con la mano a un lado y a otro. A nadie le puede extrañar que la siguiente operación se la hiciera su amigo Eduardo Jordá en la casa de mi padre de La Bonanova. El escritor se tumbó encima de la mesa del comedor que, gracias a Dios, es bastante grande, y allí, rodeado de trinchantes, jarras, libros y cuadros, como debe ser, rindió tributo a sus locuras juveniles.

Como las operaciones nunca son definitivas* CJC tiene a su alcance una cámara de neumático como esas que utilizan a modo de flotador los que no saben nadar y quieren bañarse; cada vez que el culo le flaquea se sienta en ella, dejando la nalga dolorida al aire. Alguna que otra vez le han regalado un flotador de los de veras, de ésos que tienen la cabeza de un pato como adorno, pero CJC ama demasiado las tradiciones como para deshacerse del viejo y baqueteado neumático.

La pelea de Casablanca terminó con la llegada de las fuerzas del orden (la Policía Armada y la Guardia Civil, al alimón) y el traslado de los alborotadores al juzgado de guardia. El escritor y sus amigos llegaron allí hacia las siete o las ocho de la tarde, pero no salieron hasta bien entrada la noche. CJC, una vez metido

---

* El médico Agustín Sixto Seco le ha abierto las carnes a CJC el año pasado, en Santiago de Compostela, asegurando que ésta sí es la última vez. Toquemos madera. Como premio a su ciencia (o a su optimismo), mi padre ha hecho al doctor Sixto Seco patrono de la fundación Camilo José Cela.

en jaleo, no estaba dispuesto a ceder ni un palmo de terreno. A los guardias civiles que le llevaban ante el juez les advirtió que no estaba dispuesto a ir a pie, y menos todavía con un navajazo en el culo. El iría en taxi.

—¿Y nosotros?

—Ah, eso es un asunto de ustedes. Vengan corriendo detrás del taxi, si quieren.

Con una disposición así no es raro que el juez se pusiera duro con los camorristas, pero a la postre no hubo juicio ninguno. Los dueños de Casablanca perdieron todo su interés por las indemnizaciones cuando Baldomero Isorna, que además de procurador de los tribunales era gallego y amigo de mi padre, les hizo saber que CJC había vuelto de la Guerra Civil con dos cosas en el bolsillo: una pistola del calibre treinta y ocho y un papel del médico en el que se podía leer: «El portador lleva metralla en la cabeza y no es responsable de sus actos.»

Viaje a Mallorca

A la vista de cómo acababan los actos sociales en la capital, mis padres decidieron irse lejos de Madrid. Por vez primera se podían tomar unas vacaciones de verdad, unos días de descanso lejos de los trenes de cercanías, de la bota de vino y del bocadillo de tortilla de patatas, de las fondas de pueblo, del botijo y del pay-pay. Decidieron aprovecharlas a fondo.

Ahora bien, ¿adónde ir? Mi padre sugirió Mallorca, pero a Charo le daba cierto reparo irse a un sitio tan cursi, tópicamente propio de las parejas de recién casados, que, para más inri, se anunciaba en la prensa con unos dibujos en los que salían dos palomas enlazadas por el pico. Pero al fin se animaron a pasar allí una semana, de tal modo que, aprovechando la circunstancia favorable de que yo estaba en un colegio del que no me habían echado en todo un trimestre, Charo y CJC, a finales de aquel invierno del año mil novecientos cincuenta y cuatro, cogieron el avión hacia Palma de Mallorca para huir del ajetreo madrileño.

Nunca volverían a él. La escapada a Mallorca terminó, como es sabido, en un voluntario y gozoso exilio. Iria Flavia es, en la vida de CJC, el nostálgico recuerdo de una infancia añorada; Madrid, el violento y gozoso tumulto de una barojiana lucha por la vida. Pero Camilo José Cela eligió para encerrarse a escribir el resto de su larga obra un lugar del todo diferente a esos dos mundos que tanto influyeron en su forma de ser: la isla de Mallorca. El motivo de la marcha de Madrid fue, desde luego, más pragmático que visceral: entre el Café Gijón, los amigos y la abundancia de dinero, a CJC le hubiera sido imposible hacerse con la paz necesaria para redactar sus novelas en la ciudad.

Crónica de un colegial no del todo bien visto

Quizá sea éste el mejor momento para entrar en un asunto que, aunque algo cruel y doloroso para mí, no puede hurtarse al propósito de un libro que se pretende veraz. En un par de ocasiones he insinuado los temores que albergaba mi padre acerca de mis escasas luces. Convendría advertir que no se trataba de una manía, ni de ninguna extraña obsesión: Camilo José Cela padre contaba, por desgracia para él, con algunas evidencias acerca de Camilo José Cela hijo que no contribuían precisamente a hacerle feliz.

Cerca de Ríos Rosas, en la parte alta de la calle de Serrano, queda el Instituto Ramiro de Maeztu, que fue donde cursé mis primeros estudios. Se trataba por aquel entonces de un colegio con cierta fama en cuanto a sus virtudes docentes; luego ganó mayor notoriedad todavía como cantera de un equipo de baloncesto que fundó, entre otros, mi tío José Luis. El equipo debía llamarse también «Ramiro de Maeztu», pero los jerarcas del régimen encontraron que era poco serio y acabó con el nombre, que todavía guarda, de «Estudiantes».

La vocación deportiva debía insinuarse ya cuando me llevaron allí, porque lo único que recuerdo de aquel instituto son las clases de gimnasia, en las que formábamos todos en largas hileras para hacer luego ejercicios a la voz de mando del profesor. A mí esas manifestaciones de compás y armonía me daban muchísima vergüenza, y cuando había que dar un paso a la derecha, o la media vuelta, me quedaba quieto en mi sitio con la intención de pasar inadvertido y procurando no molestar. Pero sin que yo pudiera explicarme el por qué, ese alarde de modestia ponía fuera de sí al profesor que daba las órdenes; una y otra vez se acercaba corriendo a preguntarme si es que no había entendido lo que tenía que hacer. Yo le contestaba que sí, que lo había entendido muy bien, cosa que era del todo cierta, y, una vez apaciguado, el profesor empezaba de nuevo el ejercicio. Pero yo seguía inmóvil, y él se ponía a berrear.

Del Ramiro de Maeztu me echaron a los pocos meses y ni siquiera tuvieron el buen gusto de disimular el motivo de tan drástica decisión. El director llamó a mi padre y le explicó muy claramente, sin más, que lo que pasaba es que hay niños listos y niños tontos, y que aquél era un colegio para niños tirando a normales. Cuando el hombre le contó mis problemas con la gimnasia mi padre se quedó francamente preocupado y durante varios días me sometió a rigurosos interrogatorios que seguían siempre, con alguna que otra variante, el mismo guión:

—Pero bueno, ¿tú no oías las órdenes del profesor?

—Sí, sí que las oía.

—¿Y entendías lo que había que hacer?

—Hombre, claro. Si es muy sencillo. ¡Un paso a la izquierda! y das un paso a tu izquierda. ¡Media vuelta! y te das la vuelta...

CJC, a esas alturas, se aplastaba el pelo con la mano, nerviosamente, y bizqueaba un poco y todo.

—A ver, niño, da la media vuelta.

Yo me ponía firme, con las manos pegadas al cuerpo, y me daba la media vuelta con poca técnica, cierto es, pero rápida y aplicadamente y conservando un aire bastante marcial.

—¡No lo entiendo! Pues si sabías lo que tenías que hacer, ¿por qué no te dabas la media vuelta, o la vuelta entera, o las vueltas que le diera la gana al profesor?

—Es que me daba vergüenza...

Mi sonrisa tímida y complaciente bastaba para que mi padre se rindiese. Sin saber demasiado qué hacer, mantuvo largas conversaciones con mi madre y con mi abuela Camila, a cuya opinión siempre se le dio mucha importancia en la familia. Las dos mujeres coincidían en su diagnóstico.

—Si le daba vergüenza al crío, ¿por qué iba a darse la vuelta? ¡Faltaría más!

El colegio de doña Laura

La lógica femenina no bastó para tranquilizar a mi padre sobre las responsabilidades que había contraído

al poner herederos en el mundo. Decidió vigilarme.
Y como, dado que no había colegio donde me quisieran, yo estaba casi todo el día en casa, jugando a héroe del desierto con un dromedario de cartón enorme que me habían regalado mis abuelos, CJC podía dedicar sus ratos libres, entre artículo y artículo, a observar de una forma pretendidamente discreta mi conducta. Seguían luego largas discusiones en las que intervenían mis abuelos, los amigos, los vecinos y todo aquel que tuviese a bien terciar acerca de lo que había que hacer conmigo. Por entonces no existían los internados para niños «difíciles», y la desesperación llevó a mi padre a matricularme en un colegio carísimo, el Instituto Nacional de Selección Escolar, cuyo pomposo título pretendía esconder su antiguo nombre de Colegio Alemán después de que el resultado final de la guerra europea lo hubiese convertido en algo inviable.

Recuerdo muy bien las pruebas de acceso que me hicieron, a las que me acompañó mi padre, algo nervioso, llevándome de la mano y todo. El Instituto Nacional de Selección Escolar pretendía ser el no va más de la modernidad y la ciencia; con ocasión del ingreso de un nuevo alumno le efectuaban hasta *tests* psicológicos para determinar la capacidad mental del candidato. Creo que mis dudas acerca de la validez de tales métodos vienen de aquel episodio.

Los *tests* eran de risa. Uno de ellos incluía una escena bajo un sol radiante, con gente en la playa, niños montando en bicicleta y, en medio, un señor con un paraguas abierto. Tenías que decir si había algo extraño en el cuadro y, en caso afirmativo, indicar qué era. Yo estuve dudando unos momentos sobre la conveniencia de señalar lo raro de unos niños que montaban en bicicleta y no se caían, pero al acordarme de la expresión de mi padre cuando me llevaban al cuarto de las pruebas decidí, por una vez, ser juicioso. Acabé todos los *tests* lo más deprisa que pude y me libré del estúpido incordio. Si me hubieran dicho entonces que en el Instituto Nacional de Selección Escolar me iban a hacer estudiar, en los cursos anteriores al bachillerato elemental, cuatro idiomas (inglés, francés, alemán y latín) además del programa obligatorio, mi actitud hubiera sido mucho más prudente.

Como las historias de mis dificultades académicas habían corrido ya por el vecindario mi padre dio una versión de los resultados de las pruebas un tanto sospechosa. Contaba a las visitas grandes maravillas acerca de mis reflejos mentales y, en su relato, me convertía en algo así como en un genio de la clasificación. La historia tenía también un lado práctico porque, según él, las autoridades del Instituto le habían devuelto el dinero anticipado de la matrícula ante lo altísimo de mi coeficiente intelectual.

Yo nunca vi el papel en el que figuraban los resultados y no puedo por menos que dudar de tan sonado éxito, pero si realmente se dio puede tomarse como una prueba bien sólida de que los *tests* acerca del C.I. no sirven para gran cosa. En el fondo mi padre pensaba lo mismo, porque toda la historia que había montado era, más que nada, una operación de relaciones públicas. El siguió creyendo para sus adentros que su hijo tiraba a tonto. No un tonto peligroso a quien hubiera que vigilar, pero sí alguien con quien lo mejor era mantener una actitud de prudente distancia. Me parece que aún no le he dado motivos para enmendar aquella idea.

Sea como fuere, me admitieron como alumno en el Instituto Nacional de Selección Escolar. Y se me sometió a una férrea disciplina de la mano de doña Laura, la directora, y sus germánicas concepciones de la enseñanza. Desde entonces odio los idiomas, la leche en polvo, la caballa y el arroz blanco. Quizá deba explicar el por qué de estas tres últimas fobias. En el Instituto todos los alumnos éramos mediopensionistas, incluso los becarios, aun cuando a éstos les hacían comer en una sala aparte para mantener el decoro. El menú era el que podía esperarse del Madrid de los años cincuenta, pero, gracias a la Ayuda Americana inaugurada de la mano de las bases militares, recibíamos enormes cantidades de leche en polvo. El líquido que se obtenía después de añadir agua era simplemente nauseabundo, pero por muchas arcadas que te produjese había que bebérselo. Si dejabas un poco, te aguardaba al día siguiente el vaso, medio vacío, al lado de otro lleno hasta rebosar.

Muy a menudo la comida normal se terminaba antes de que los más pequeños hubiéramos llegado al segundo plato. Nos daban entonces, invariablemente, caballa en lata con arroz blanco. Brindo esa fórmula para su aprovechamiento como material impermeable, indestructible y muy apto para cimentar presas y murallas. Uno se pasaba horas masticando, hasta que la masa se convertía en algo capaz de ser tragado. Pero la vocación docente de nuestros vigilantes no tenía resquicios, y jamás pude esconder bajo la mesa, o en el bolsillo del pantalón, ni una pequeña parte de esa bazofia. Cuando de vuelta a casa me quejaba del trato mi padre se ponía furioso y me recordaba el instituto Ramiro de Maeztu. Yo, la verdad sea dicha, pensaba añorante en aquellas clases de gimnasia.

¿Dónde dice usted que van?

Tranquilizados por las garantías que daba el Instituto Nacional de Selección Escolar en materia educativa, y hasta dietética, Charo y Camilo José se animaron a irse hasta Mallorca, como decía antes, en busca de un lugar tranquilo donde escribir *La catira*. Escogieron muy bien el momento. En el mes de febrero la isla está cubierta del blanco purísimo de la flor de los almendros y, desde el aeroplano, debía ya dar una impresión magnífica de calma y de paz.

Nada más llegados al aeropuerto de Palma mis padres tomaron un taxi y, quizá por aquello de la historia de Chopin y George Sand, le pidieron al chófer que les llevase a Valldemosa, al Hostal del Artista. Con el tiempo Camilo José y Charo tuvieron bastantes amigos en Valldemosa, pero aquel primer contacto no les hizo ninguna gracia. Puede que pesara demasiado en su conciencia el recuerdo de *Un invierno en Mallorca*. El taxista tuvo que volver a cargar las maletas en la baca del coche, atarlas con cuidado y esperar a que sus extraños clientes se decidiesen.

—¿Dónde vamos ahora?

—A Palma otra vez.

—¿Cómo dice usted?

—Que nos lleve a Palma.

—¡Pero si venimos de allí!

—Da igual. No nos hemos fijado mucho la primera vez.

Ya de vuelta mis padres pararon en el hotel Maricel, que quedaba un poco más allá del término municipal de Palma, camino de la playa de Illetas y dentro de la zona turística más de moda en aquel entonces. El director del hotel Maricel era Tomeu Buadas, uno

de los hombres de más sensibilidad y cultura de toda
la isla. Tomeu se apresuró a saludarles y a comentar
las veces que había leído *La colmena* y *Mrs. Caldwell habla
con su hijo.* A mi padre le sorprendió muchísimo que en
un lejano hotel de Mallorca admirasen tanto su obra.

—¿No será usted de la policía?

Como Tomeu Buadas era, además de culto y ga-
lante, algo tímido, se quedó muy azorado ante semejante sospecha.

La llegada de mis padres a Palma causó sensación
en los medios locales. El primer periodista que localizó
a Camilo José Cela en la isla fue Pedro Serra, quien,
con el tiempo, llegaría a ser todo un prohombre de Mallorca: dueño de tres periódicos locales, editor, entre muchas otras cosas, de la traducción al catalán de *La familia de Pascual Duarte,* autor de uno de los libros de mayor
éxito sobre Joan Miró y, como ejemplo de sus errores,
el primer director de un diario que tuvo el valor de pu-
blicarme un artículo. Pero en aquel entonces era un re-
portero ávido de exclusivas y acertó a hacerle a mi padre una entrevista para la sección «Díganos Usted Algo»
del diario *Baleares* en la que el terrible y soberbio escritor, azote de periodistas, se mostraba del todo fiel a su
imagen. CJC le contó a Pedro Serra que los premios
literarios estaban todos concedidos de antemano, que
no podía citar seis novelistas españoles importantes posteriores a Baroja porque no los había, que el tremendismo era una palabra para sacristanes y damas de conferencia, que sus novelas eran un modelo de honesti-
dad, que Mauriac era tonto y que él, Camilo José Cela,
era el único escritor capaz de vivir de sus novelas. Todo
eso pasaba por cierto en mayor o menor grado; lo último, por ejemplo, era rigurosamente verdad desde que
CJC había vuelto de Venezuela, siempre que cumpliese

el pacto de escribir *La catira*. Pero lo más importante de todo es que ese tipo de declaraciones constituían la tarjeta de visita que había hecho ya famoso a Camilo José Cela. Pedro Serra se fue encantado de encontrarse con el personaje exacto que esperaban los lectores; tanto más al poder añadir, encima, una noticia de interés local. El ceñudo y hierático escritor se quería comprar una casa para vivir en Mallorca.

Una casa cerca del mar. Mis padres, al poco de llegar a Palma, cruzaron de nuevo la isla hasta su otro extremo en busca, esta vez, de la casa ideal donde poder terminar *La catira*. Querían un lugar soleado y muy tranquilo. Y llegaron así al Puerto de Pollensa.

El Puerto

Pollensa es uno de los pueblos más grandes del norte de Mallorca, un pueblo que siempre ha tenido una clara vocación culta, con importantes músicos y pintores. Pese a que, con el paso de los años, la isla ha ido adquiriendo un tono monocorde, hay pueblos como Sóller o Pollensa que han sabido mantener su propia personalidad, quedándose un tanto al margen de la corriente uniforme. En los años cincuenta Pollensa mostraba ya esos rasgos de su manera de ser, pero contaba además (como Sóller) con las ventajas del Puerto. Como el núcleo urbano se formó lejos del mar, huyendo de la amenaza de los piratas, el pueblo mantenía un caserío con ese nombre, Puerto de Pollensa, para uso de pescadores primero, veraneantes luego, y una población de sofisticados vecinos, muchos de ellos extranjeros, más tarde.

Las casitas típicas del Puerto de Pollensa tenían dos pisos y una especie de porche, una terraza cubierta, delante de la entrada en la que se reunía cada familia a la caída de la tarde. Las primeras casas se alineaban, una pegada a otra, en la avenida que llevaba hasta Alcudia; las demás se extendían, ya más espaciadas, a lo largo del paseo cercano a la mar. Por el paseo, que se llamaba La Gola, sólo se podía ir a pie, sorteando las mesas de los dos cafés de moda, el Brisas y el Cactus. Un poco más allá se alzaba el hotel Sis Pins rodeado, como indica su nombre, de pinos. Más lejos aún quedaban las casas lujosas de los veraneantes con posibles y, al final de todo, una base militar de hidroaviones que apenas tenía actividad.

El Puerto de Pollensa era el lugar ideal para lo que buscaban mis padres. Una bahía abierta, con la playa extendiéndose a lo largo de todo el paseo y un ambiente entre cosmopolita y lejano, lleno de ingleses al borde de la jubilación. Costaba mucho trabajo encontrar periódicos y revistas porque sólo había una tienda de ultramarinos, un colmado que hacía las veces de quiosco y a la que llegaba de tarde en tarde algún que otro tebeo que yo me apresuraba a requisar. Pero había, en cambio, hoteles y cafés muy lujosos para lo que se podía esperar de un pequeño pueblo alejado de Palma. Camilo José Cela se encontró aún allí con el mismo caserío que plasmó Agatha Christie en una de sus novelas de intriga, *Asesinato en el Puerto de Pollensa;* un diminuto y encantador lugar que conservaba casi intacto todo el encanto de una época en la que el turismo se entendía, desde luego, de manera muy distinta a la de ahora mismo.

Villa Clorinda

Mis padres alquilaron a finales del invierno de mil novecientos cincuenta y cuatro una casa pequeña y tranquila en La Gola. Pero meses más tarde, cuando se avecinaba ya el verano, el panorama cambió de raíz. A la casa de al lado llegaron unos niños que se pasaban mañana y tarde jugando a la guerra del fin del mundo, a juzgar por el ruido que conseguían hacer. El escándalo hubiera sido, con todo, soportable, de no ser por su padre que, para acabar de arreglarlo, les gritaba continuamente que se callasen, que el escritor de al lado no podía trabajar. CJC tenía que escribir de noche y, como sólo había una habitación en la casa, Charo dormía con la luz encendida. No tardaron demasiado en mudarse. Y, aun cuando la época veraniega no era la mejor para encontrar una casa vacía, tuvieron la suerte de que les alquilaran una verdaderamente excepcional: Villa Clorinda. Cuando yo llegué a Pollensa para pasar las vacaciones, mis padres estaban ya instalados allí.

Villa Clorinda era la casa más apartada del Puerto, justo al lado de la base de hidroaviones y muy cerca de las laderas de los montes que llevaban a Formentor. Era un caserón enorme, de planta cuadrada y dos pisos rematados por una especie de torre abierta por sus cuatro costados, de la que entraban y salían las palomas. El jardín era bastante grande; las vistas, espléndidas. Desde la parte delantera, que daba al mediodía, se dominaba toda la bahía de Pollensa; mirando hacia atrás podían verse las últimas cimas de la cordillera de Tramontana. En la parte más alejada del jardín, entre las buganvillas y las ramas de una inmensa higuera, asomaba un cobertizo con tejado a dos aguas que, en recuerdo de los tiempos en que se usó de garaje, disponía de un foso lleno de telarañas; era un sitio magnífico para que un niño de mi edad explorase en busca de *dragones,* que es como llaman en la isla de Mallorca

a las salamanquesas. Apenas había vecinos: todo el terreno de detrás, hasta la carretera de Formentor y más
allá todavía, se reducía a unos eriales en los que crecía
el hinojo, algún que otro palmito y unas plantas de ta-
llo recto y tieso que se llamaban *aubons* y que en verano,
al secarse, servían muy bien de flechas sin más que po-
nerles unas plumas bien sujetas al extremo posterior.

A la izquierda, mirando hacia el mar, estaba la base
de los hidros o, mejor dicho, el terreno militar; la
base propiamente dicha quedaba apartada y oculta entre los pinares. Tan solo hacia el otro lado había vecindario: el segundo hotel del Puerto, el Illa D'Or. Era
un edificio bajo y largo que se levantaba junto al camino y que quedaba separado de Villa Clorinda por
una valla alta destinada a asegurarle la paz. En el Illa
D'Or se hospedaba una princesa europea ya mayor, una
Bernadotte, a la que estuve enseñando durante algún
tiempo a pescar cangrejos para pasmo de mi padre, que
no entendía lo que podía ver en mí tan distinguido
miembro del Gotha.

—A ver, niño, ¿qué habéis hecho hoy?

—Nada; queríamos sacar un *cranc pelut* de las rocas
con un pañuelo, pero no hemos podido. No se ha dejado.

—¿Y la princesa se mete también en el agua?

—Sí, pero lo hace muy mal y me espanta todos los
cangrejos.

—Vaya por Dios.

Villa Clorinda estaba muy cerca de la orilla; tanto
que disponía de una especie de embarcadero propio,
un *mollet* perpendicular a la costa que se prolongaba una
veintena de metros mar adentro para salvar la poca pendiente del fondo y llegar hasta una profundidad que
permitiese remar sin problemas. Mis hazañas ciclistas,
aunque muy mejoradas ya por la época en que llegué

a Pollensa, incluyeron todavía un par de caídas al agua. El *mollet* era más corto de lo que yo calculaba, o quizá mi velocidad fuese mayor de la prevista. Como no sabía nadar, esos errores de medida tenían su miga y contribuyeron a que mi padre siguiera pensando que yo era, sencillamente, idiota.

Algún problema de equilibrio debía tener porque también me caí al mar incluso lejos del nefasto *mollet,* en una ocasión en la que llevaba en la barra de la bicicleta a una vecina de la que estaba perdidamente enamorado y que, según parecía desprenderse de lo que decía al chapotear y salir del agua, no apreció en absoluto el baño. Su madre, mientras me ponía yodo en una brecha que me hice al dar con la cabeza en las piedras del fondo, daba muestras de compartir del todo el criterio de CJC acerca de mi salud mental.

La disciplina de trabajo

Villa Clorinda está permanentemente unida en el recuerdo familiar a la aventura venezolana porque Camilo José Cela terminó en Pollensa *La catira.* Mi padre conserva una fotografía en la que aparece de pie, en la escalera de la casa, enfundado en un blanco y elegantísimo liqui-liqui, con la barba cuidadosamente descuidada al viento y la mirada perdida a lo lejos. Es el retrato perfecto del indiano que triunfó. Pero también enseña, ¡ay!, las primeras huellas de una barriga que no dejaría de crecer hasta transformar al escuálido y decadente escritor de la posguerra en un patricio a quien la gente, casi por necesidad, llama siempre «don Camilo».

Pese a contar ahora con una casa tranquila, sin la

amenaza de los vecinos, mi padre siguió trabajando de noche. Había montado su mesa de trabajo en el inmenso comedor de la planta baja, y cuando yo me levantaba a media noche, en busca de un vaso de agua, veía siempre la luz de su despacho escapándose por las rendijas de aquella puerta.

Poco antes de amanecer, CJC daba por terminada su tarea diaria y se acostaba. Dormía hasta la hora de comer, mientras mi madre y yo nos íbamos a bañar al *mollet*. Luego se quedaba en casa, leyendo o charlando con los amigos. A la caída de la tarde mis padres salían a dar una vuelta hasta el Brisas y el Cactus. Más tarde, después de la cena, CJC volvía a sus cuartillas. Esa rígida disciplina de trabajo la ha mantenido mi padre siempre que ha estado escribiendo algo de importancia. La imagen del escritor bohemio y despreocupado es una simple marca de fábrica que Camilo José Cela ha utilizado para crear parte de su leyenda. Pronto empezó a reconocer, incluso delante de un periodista, que la inspiración consiste en sentarse a trabajar todos los días, sin descanso.

Hay quien cree que el suave discurrir de la prosa de mi padre refleja una inmensa facilidad para escribir. Nada más erróneo. Las páginas tan formalmente construidas, tan elegantes, son el resultado de todo lo contrario a la improvisación. Camilo José Cela dibuja una frase con su caligrafía de pendolista. La une luego a la siguiente. Cambia dos o tres palabras y lee luego el párrafo, murmurando a media voz para notar cómo va desgranándose el sonido. Corrige después una vez y otra. Al acabar la larga sesión de trabajo hay en ocasiones, y con suerte, una única página rematada; puede que menos. La prisa es un concepto sin el menor sentido en la vida del escritor.

La catira es el libro más conocido, pero no el único
que escribió Camilo José Cela en el Puerto de Pollensa.
Mi padre aprovechó la paz de Villa Clorinda para ordenar las notas que había ido guardando durante los
veranos que pasó en Cebreros, cuando cogía la mochila
y se iba a recorrer Segovia y Avila sin rumbo fijo, me-
tiéndose por los senderos y las quebradas y parando allí
donde un paisaje, un mendigo, o puede que un mil le-
ches, un gozque descarado y bullidor, detenía por unos
instantes su caminar. El libro de viajes por tierras de
Castilla recibió un nombre que CJC había sacado de
Alfonso de Baena:

> *grandes sabios remonistas*
> *et sotiles alquimistas*
> *et los rudos aldeanos*
> *judios moros christianos*

Judíos, moros, cristianos / frailes, monjes, hombres
legos / cojos, mancos, mudos, ciegos. De Cebreros al
Puerto de Pollensa hay mayor distancia todavía que del
Mediterráneo a la América colonial. En el prólogo de
Judíos, moros y cristianos Camilo José Cela recuerda Cebreros, el Cebreros de la penuria y el obligado retiro,
con gratitud hacia aquellas gentes que «barrieron de
mi espíritu los últimos restos que pudieran quedarle de
señoritismo». Pero reconoce también que «de no haberme venido a Mallorca éste hubiera sido un libro que
jamás se escribiese». Son muchas las claves que se han
reunido para dar como resultado esa manera de narrar
tan propia de CJC; esa conjunción de inagotable léxico,
desgarrada lengua, esperanza, desánimo, medida cadencia y, sobre todo, amor (amor por la tierra, por las
palabras, por las gentes) que se desparrama a lo largo

de más de un centenar de obras, traducidas a más de un centenar de distintas lenguas. Camilo José Cela, sin Cebreros, no hubiera sido el mismo; pero tampoco, desde luego, sin mediar los años del Puerto de Pollensa. Basta leer *Judíos, moros y cristianos* para darse cuenta.

Teoría de la novela

En el otoño de mil novecientos cincuenta y cuatro mis padres volvieron a Madrid. Tuvieron que hacerlo un poco porque querían organizar su traslado definitivo a Palma, otro poco por el remordimiento de Charo ante sus deberes maternales algo descuidados durante el anterior invierno y, sobre todo, porque *La catira* estaba ya lista para enviar al editor. La publicó Noguer con el antetítulo de *Historias de Venezuela* y salió a la calle en el mes de mayo del año siguiente.

Con el manuscrito terminado CJC volvió a Venezuela en busca del jugoso resto de sus derechos de autor. Le costó menos, un mes y pico esta vez, hacerse con los duros. Se conoce que ya se había vuelto un experto en la lidia de funcionarios codiciosos. Pero aun así tuvo sus problemas; las críticas locales, que censuraban sistemáticamente la elección de un escritor extranjero para promover el nombre de Venezuela, habían creado un ambiente un tanto hostil. Se añadía además el hecho de que no pocos de los interesados esperaban otra cosa del libro, algo así como un florilegio acerca de las virtudes caribeñas apto para ser utilizado directamente como propaganda en las agencias de turismo. *La catira*, ciertamente, era otra cosa.

La catira es la novela más novela en el sentido clásico de la palabra de todas las que ha escrito hasta el momento Camilo José Cela. Cuenta una historia más bien ortodoxa, con personajes definidos y un esqueleto nada innovador. No era la primera vez que CJC hacía algo así (recuérdese, por ejemplo, *Pabellón de reposo*, e incluso *La familia de Pascual Duarte*), pero tras el enorme éxito de *La colmena* se le echaba en cara que sus novelas no eran en realidad novelas. Tampoco eran cuentos largos ni, claro es, obras de teatro. No se sabía bien qué eran y eso ponía muy nerviosos a los críticos.

CJC tenía razones muy sólidas para rebelarse contra las normas establecidas. Años atrás un prócer madrileño, director de una editorial y muy amigo suyo, le había encargado una novela corta dándole severas instrucciones al respecto. Estaba de acuerdo en correr el riesgo de sacar algo de mi padre, pero no a cualquier precio.

—¡Tú déjate de coñas y de modernismos! ¿Está claro? Planteamiento, nudo y desenlace: eso es lo que tiene que tener una novela. Planteamiento, nudo y desenlace; lo demás son modernismos y ganas de marear.

El mensaje estaba clarísimo y mi padre escribió *Café de artistas* sin olvidarse de ninguno de esos imprescindibles elementos de la acción. Luego, como cruel venganza, publicó un cuento que se llamaba precisamente así, *Planteamiento, nudo y desenlace,* y que contaba con fidelidad la historia de los consejos sobre cómo escribir un libro. El prócer, aun así, no solamente no le retiró el saludo sino que siguió apreciándole mucho. Puede que no leyese el cuento. No doy más datos para evitar conflictos diplomáticos tardíos, y porque se trata de un amigo de los de verdad.

Aun cuando oficialmente Camilo José Cela desdeña las críticas lo cierto es que ha dedicado numerosos prólogos a explicar que una novela es cualquier colección de folios un poco abultada en la que debajo del título se ponga la palabra «Novela». Para no perder la costumbre la edición de *La catira* en la *Obra completa de Camilo José Cela* incluye un prólogo escrito en Palma y fechado el Día de Difuntos de mil novecientos sesenta y ocho, en el que se hacen extensas consideraciones acerca del argumento como base de la novela novelesca. Pero la fórmula no le debió convencer demasiado: ninguna de sus obras posteriores sigue los derroteros clásicos de *La catira,* ni los caminos que mi padre remite en sus prólogos a los grandes novelistas clásicos como Baroja o Pérez Galdós.

Quizá para descansar de tan complejos pensamientos, la familia se trasladó de nuevo en el mes de junio del año mil novecientos cincuenta y cinco a Villa Clorinda. Ibamos de veraneo, pero con la firme intención de no volver nunca a Madrid. De tal guisa comenzó una nueva etapa, la de la residencia oficial del escritor en la isla de Mallorca, inaugurada con el año sabático que Camilo José Cela se había concedido para «patearse» los dólares venezolanos.

CAPÍTULO 4
BOSQUE 1

La casa de Bosque 1

A principios de siglo, un poco al socaire del final de las aventuras coloniales, volvieron a Mallorca bastantes de las fortunas de la isla que andaban desparramadas por el mundo. Proliferaron así las casas señoriales, un poco al estilo de Villa Clorinda, situadas en los lugares de moda cerca de la mar. A la entrada de cada una de esas fincas, en el jardín, se solía plantar una araucaria, una especie de abeto de agujas gruesas con las ramas distribuidas ordenadamente piso por piso y de color oscuro, al borde casi del azul. Después, con el paso de los años, las araucarias llegaron a ganar fama de árboles de mal agüero. Se decía que la familia quedaba arruinada en cuanto las ramas del árbol alcanzaban el techo. Puede muy bien que fuera así, porque el tiempo que tardaba la araucaria en crecer hasta la altura de tres pisos correspondía más o menos al paso de dos generaciones, y rara es la casa en la que la fortuna familiar sobrevive intacta a la llegada de los nietos.

El Puerto de Pollensa de los años cincuenta, con sus grandes casas coronadas ya por las araucarias y su aire de digna decadencia, podría parecer el sitio ideal para un joven escritor con toda una prometedora carrera literaria por delante. La mezcla de paz y bullicio, lujo y ruina, vida social y retiro, mantenida día a día en un provisional y endeble equilibrio, supone una tentación difícil de eludir. Pero ése era el Puerto de Pollensa veraniego, el de la colonia de veraneantes que convertía el caserío en una excelente muestra del *savoir faire*. El invierno en el Puerto era muy distinto: casas cerradas y silenciosas; gatos pululando entre los vacíos cubos de la basura; el duro viento de la tramontana que golpea los postigos de un chalé cerrado con demasiadas prisas. Escapar de Madrid ya era suficiente aventura como para que Charo y Camilo José se quedasen a invernar en un remoto pueblo fantasma del otro lado de la isla de Mallorca. La versión oficial, sin embargo, sostiene que el motivo principal que les animó a buscar casa en Palma fue la necesidad de llevarme a un colegio civilizado.

La Palma de entonces era mucho menos incómoda y tumultuosa que la de hoy, llena de coches y de bancos, pero aun así mis padres tuvieron el buen gusto de huir de los barrios céntricos y buscar algo más bucólico donde meterse. Como la idea de vivir cerca de la plaza Gomila les gustaba y la casa de la calle de José Villalonga en la que habían pasado unas semanas antes de irse a Pollensa no estaba disponible, se decidieron finalmente por un chalé situado en el muy cosmopolita barrio de Son Armadans. Quedaba en la esquina formada por la calle de Calvo Sotelo, que llevaba directamente a la plaza Gomila, y la calle del Bosque, que moría al cabo de doscientos o trescientos metros en el bosque de Bellver. Ninguna de esas dos calles mantiene hoy su antigua denominación: la del prócer conservador ha pasado a llevar el nombre de Joan Miró, y la que conduce al bosque, quizá por motivos que no son del todo ajenos a lo que se cuenta en este capítulo, se llama ahora calle de Camilo José Cela.

El chalé de Bosque 1 era una casa muy nueva y cómoda, pero el fervor turístico y la especulación del suelo dieron con ella en tierra pocos años después de que la dejaran mis padres. Han construido en su lugar un espantoso edificio abarrotado de bares, restaurantes y *souvenirs*. Son Armadans, desde luego, no es ya lo que era.

Mientras el chalé estaba aún en pie respondía a lo que se podía entender entonces por una casa moderna y, en cierto modo, lujosa, con amplios espacios abiertos, un cuarto de estar bastante bien integrado en el diminuto jardín y, por lo que hace a cocina y cuartos de baño, unas instalaciones más propias del siglo XX que de los anteriores. La terraza-jardín daba a la calle de Calvo Sotelo, pero estaba situada al nivel de un primer piso y su intimidad quedaba bastante asegurada, sobre todo si tenemos en cuenta que en aquellos años el barrio no estaba plagado, como ahora, de discotecas. Justo enfrente quedaba un club de tenis y, a su lado, una especie de pradera cubierta de espigas de trigo y amapolas al que acudían las vacas, durante el buen tiempo, a pastar. Esa mezcla de nostálgico bucolismo y modernas comodidades era todo un progreso frente a la casa de Madrid e incluso, si se quiere, respecto de Villa Clorinda. Era perfecta para llevar una vida de sociedad y dar fiestas, invitar a los amigos a pasar unos días, salir por ahí a tomar copas y, en general, hacer exactamente lo que Charo y Camilo José querían hacer para celebrar el hecho de haber huido para siempre (¡toca madera!) de la miseria.

La casa le fue alquilada a la viuda de Vidal, la madre de un médico muy amigo de mis padres, Juan Vidal Pedrero, al que habían conocido en el Puerto de

Pollensa. El hijo de Juan Vidal, Guillermo, fue mi primer amigo en Palma. Conmueve ver hasta dónde puede llegar una amistad lejana. Pese a los sobresaltos que les debimos ocasionar como inquilinos, Guillermo y yo continuamos llevándonos todavía muy bien.

De vuelta al colegio

Al volver de Pollensa Charo y Camilo José tuvieron que hacer frente a una decisión de esas que siempre producen un ambiente de cónclave en las familias: la de elegir el colegio que tenía que encargarse de educar a su hijo. Mi padre se había preocupado de buscarme una escuela a la que ir durante los veranos en que estuviese en Pollensa; no le llevó un trabajo excesivo, porque en el Puerto sólo había una: la escuela del señor Domínguez, brigada de aviación de la base de hidros, a quien habría de encontrar de nuevo mucho más tarde, ya como teniente, durante mi servicio militar en Zaragoza. Domínguez había levantado un local pequeño y lleno de maquetas de aeroplanos que colgaban por todas partes, donde reunía a los niños de la colonia de veraneantes para ver de darles un cierto barniz culto o, por lo menos, para contribuir a que conservasen el hábito del colegio. Cuando CJC, muy en su papel de padre, fue a ver al brigada Domínguez y su colegio, se quedó encantado con el escenario y volvió a casa convencido de que una escuela así tenía que jugar un gran papel en mi desasnamiento. El hecho de que no hubiese alternativa, porque no había ni que pensar en que me pasara el día en casa amenazando con despertar o distraer al escritor, facilitó sin duda la decisión, pero sería injusto pensar que el brigada Domín-

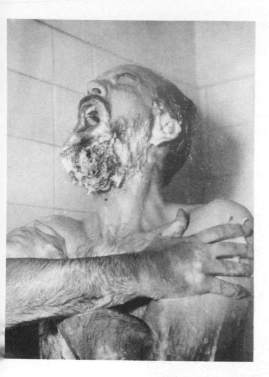

El día de la entrada de CJC en la Academia (26 de mayo de 1957). Esta fotografía, publicada en el *Arriba*, provocó el escándalo. Se conoce que por aquel entonces los académicos utilizaban tan solo el aguamanil.

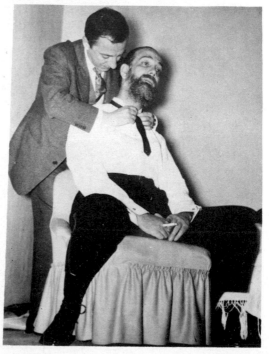

Eugenio Suárez intenta, sin el menor éxito, hacer un nudo de pajarita a CJC. Al final hubo que llamar a un camarero.

«A la Academia.
Allí me esperan.»

Ya académico, co
Gregorio Marañó
y Menéndez Pida

A Camilo José Cela
como grato a un
 ... r...
afectuosamente
 ...
agto. 1952

Con Américo Castro. A pesar de su gesto enfurruñado, don Américo volvió muchas otras veces a casa de CJC.

Juerga en la casa de José Villalonga CJC y La Chunga se hicieron muy amigos en aquello años.

La Chunga acab de bailar par Llorens Artiga Joan Miró y CJC Debe ser muy tard porque Charo apoyada en l mesa, ya no pued más

El señor de las sandalias y de la funda de las gafas en el bolsillo de la camisa es, aunque no lo parezca, Tristán Tzara.

La familia al completo, hacia el año sesenta y uno, en una fiesta en Formentor; es una de las escasísimas fotografías en las que salimos los tres. Llevo mi primer esmoquin aunque, la verdad sea dicha, no era mío. Hizo la caridad de prestármelo Miguel Buadas, el hermano de Tomeu.

Todos los hermanos varones de CJC y yo mismo. La foto es también de los años sesenta (Rafael, el tercero por la derecha, moriría poco después tan absurda como trágicamente). El aire de vengadores dirigiéndose al *O.K. Corral* a castigar a los forajidos no es nada improvisado.

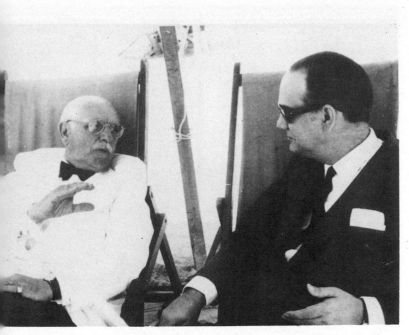

...n Cádiz, con José María Pemán. Es la única foto que he visto de CJC con gafas
...e sol.

...n la ensenada del Portitxol, no lejos de la Catedral de Palma. CJC albergaba por
...ntonces la idea de escribir un «Viaje a la otra Mallorca». Luego, al ir metiendo kilos
...n la tripa, lo dejó estar.

Con Alberto Moravia, en Formentor. Da la impresión de que Moravia se está aburriendo muchísimo, aunque puede que fuese esa su cara habitual.

guez explotaba las ventajas del monopolio. Sus clases eran muy divertidas, aunque quizá no demasiado ortodoxas desde el punto de vista de la enseñanza clásica. Nos dedicábamos, sobre todo, a pasarlo bien, cosa en la que todos los asistentes estábamos de acuerdo, y nadie te decía nada si te quedabas embobado mirando un Sopwith Camel de la Gran Guerra en lugar de memorizar fórmulas serias y farragosas.

Pero el colegio de verdad, el de invierno, exigía otros planteamientos; mis padres no tuvieron más remedio que coger el toro por los cuernos y así, llevados por la urgencia, se pusieron a examinar la oferta docente de Palma. Un escritor con fama de iconoclasta y descreído hubiera debido optar por una escuela laica, moderna, de un estilo tirando a krausista, pero en aquel entonces la ciudad no daba para tantos avances. La isla de Mallorca, hasta bien entrada la época del turismo de masas, fue uno de los más firmes enclaves del *ancien régime,* con sus eternas historias plagadas de aristócratas y de siervos, de herejes, de conversos advenedizos y de cristianos viejos. Señores descendientes de la expedición en la que el rey Jaume I ganó la isla para la cristiandad y *xuetas* a los que todavía, de vez en vez, se señalaba con el dedo, componían los dos extremos de un mundo al que Javier Herrero había dedicado, con plena justicia, todo un capítulo de su *Historia del pensamiento reaccionario español*.

Ese era el panorama que había dado lugar a la sociedad civil mallorquina de los albores del siglo XX, tan bien retratada por el archiduque Luis Salvador de Austria en su monumental obra sobre las islas Baleares. Los colegios de Palma, aun admitiendo los cambios que se habían producido a raíz de la desamortización, de un par de guerras y, sobre todo, de la ruina

de la aristocracia local, continuaban estando más cerca
de la Contrarreforma que de la Ilustración. CJC era
del todo consciente de tal realidad, y no cabe duda de
que una solución cómoda y sencilla hubiera sido la de
enviarme a un instituto público que, haberlo, lo había.
Pero como en los institutos no controlaban la asistencia a clase y mi padre se temía que yo, por mi cuenta,
cambiara la educación de la escuela por otra más ca-
llejera y roussoniana, no pudo ser. Finalmente el consejo familiar decidió que iría a los franciscanos. Como
las alternativas eran los jesuitas y los hermanos maris-
tas, era imposible escapar de la enseñanza religiosa y,
de todos esos colegios, el de los franciscanos de la Tercera Orden Regular, ligada al recuerdo de fray Juní-
pero Serra, era el que parecía más prometedor.

Quizá por aquello de aliviar algo la mala conciencia
que todo librepensador tiene al poner a su hijo en manos de una orden religiosa, mi padre hizo el gesto de
darme a mí el dinero de la matrícula el primer día que
tenía que acercarme por el colegio de San Francisco.
Volví por la noche, sin un duro, diciendo que me lo habían robado, y allí se acabaron los signos de liberalidad.

San Francisco

Estuve en el colegio de San Francisco desde el curso
que comenzó en el año mil novecientos cincuenta y
cinco hasta aquel que terminó en el año mil novecientos sesenta y tres, alternando fatigas, éxitos y disgustos
con una prudente y abnegada dosificación. Conseguí
al menos que no me echasen aunque, para ser sincero,
tengo que reconocer que en favor de la continuidad obró
más mi apellido que mi conducta.

En el colegio de San Francisco aprendí a sospechar de las matemáticas, a hablar el francés con horrible acento (y, eso sí, un cierto respeto hacia los verbos irregulares), a engañar a los confesores, a quedarme absorto ante los milagros que nos enseñaba la biología, a jugar (mal) al fútbol y a no pocas cosas más, de las que formaban el bagaje educativo de un adolescente de aquellos años. No aprendí el mallorquín porque en aquellos años estaba muy mal considerado entre las clases medias hablar otro idioma que no fuera el castellano y, consecuentemente, en el colegio no nos dejaban hacerlo. Tampoco progresé demasiado en materias humanísticas. El profesor de arte, cuyo nombre no hace al caso, mutilado de guerra y siempre de mal humor, tenía una idea un tanto especial de la sensibilidad artística y nos insistía siempre, por ejemplo, en que la pintura de Picasso era una tomadura de pelo porque su hija pequeña dibujaba mucho mejor. A veces entraba en aspectos más globales de la cultura y aseguraba entonces que el hombre no puede descender del mono porque, vamos a ver, ¿a quién le gustaría que su abuelo fuera un mono?

Cuando CJC se enteraba, al principio de todo, de que en clase me hablaban de tales cosas, montaba en cólera y pretendía ir al colegio a batirse en duelo con los sacrílegos inquisidores. El agravio no tenía que ver con la enseñanza que recibía su hijo; ése era un aspecto más bien marginal del pleito, toda vez que obraba en favor mío mi probada estulticia, que convertía en muy improbable el que acabase aprendiendo tales cosas. El único hecho inadmisible era el que insultasen al progreso en la persona de Picasso. Como el Camilo José Cela de entonces era bastante dado a las pendencias, la amenaza iba en serio, pero Charo lograba contenerle sin más que sugerir lo que sería la casa de Bosque 1 conmigo por medio si me sacaban del colegio en pleno curso escolar. CJC mudaba entonces de tercio y tomaba en sus manos la responsabilidad de poner las cosas en su sitio por lo que hace a la Cultura, con mayúsculas. Como enseñar arte es algo muy difícil, y mi padre ha carecido siempre de oído musical, optaba por cargar la mano en lo literario. Me hizo leer el *Mio Cid,* para empezar por los cimientos, y *Platero y yo,* obra, a su juicio, muy indicada para un niño de nueve años. La terapia no dio mucho resultado, porque del *Cantar* no entendí una sola palabra y, desde entonces, odio de todo corazón a Juan Ramón Jiménez.

En realidad, no habría hecho falta alguna compensar mis clases por ese lado. El profesor de lengua y literatura, todo lo contrario que el de arte, era un prodigio de fervorosa vanguardia. Adoraba a los más novedosos autores, empezando por el propio Camilo José Cela, y le impresionó hasta tal punto contar conmigo como alumno que no había análisis sintáctico que se diera por válido en clase sin que previamente me lo llevara a casa, para que mi padre bendijera con su visto bueno la solución. Lo malo de ese planteamiento en vaivén era que Camilo José Cela jamás ha sabido ni una sola palabra de gramática. Durante su bachillerato le pilló una reforma que acabó por dejarle huérfano de las letras; se daban en tercer curso cuando él estudiaba segundo y en segundo curso, un año más tarde, al subir él de año. La creación literaria de Camilo José Cela es total y absolutamente el resultado de sus intuiciones, de su disposición para construir el ritmo de la frase y de su enorme léxico, pero yo, en los años del colegio, no estaba en condiciones de explicárselo a un anhelante y fervoroso profesor. Me limitaba a llevarme los análisis a casa y volver, al día siguiente, inventándome el diagnóstico.

—Que dice mi padre que es una oración reflexiva subordinada.

—¡Vaya! ¡Pues quién lo diría!

Yo consultaba al principio con mi madre las sutilezas gramaticales, pero pronto me di cuenta de las ventajas de contar con el oráculo de Delfos en mis manos, y eché a volar por libre. Poco a poco comencé a forzar la máquina, proponiendo en clase análisis tan originales como arriesgados con la confianza que da saltar en el trapecio disponiendo de una red permanente de seguridad. Me bastaba con poner un gesto serio y distante cuando insistía en que mi punto de vista, entre todos los que se barajaban en clase, era el que había sido dado por bueno *ex cáthedra* por el escritor. Por fortuna, mi padre y el profesor nunca coincidieron en sitio alguno, toda vez que Camilo José Cela, con un criterio que le aplaudía entonces y le aplaudo ahora (aunque por diferentes razones), consideraba que era una pérdida de tiempo y una muestra de mal gusto acercarse a las fiestas del colegio y a las reuniones de los padres de los alumnos.

Una fiesta familiar

Cuando aprobé con la calificación de matrícula de honor el ingreso en el bachillerato, con nueve años cumplidos, esto es, en mil novecientos cincuenta y cinco, mi padre se llevó tal sorpresa que decidió celebrarlo por todo lo alto. Hizo venir a casa a un pirotécnico y le encargó unos fuegos artificiales de verdad, de los de feria, a los que no les faltase nada: petardos, buscapiés, cohetes, ruedas y todo lo que pudiera añadirse.

—¿Y cuánto se quiere usted gastar?

—Pues no sé, lo que haga falta. ¿Bastarán mil pesetas?

Vaya si bastaban. Por mil pesetas de aquellos años el pirotécnico montó un despliegue tan solo un poco menos espectacular que el de la toma de la Bastilla. Ya fue sospechoso el trajinar de sacos, palos, cuerdas y cajas que, en un ambiente más de mudanza que de fiesta, inundó la terraza y el pequeño jardín de Bosque 1. Como se trataba teóricamente de una sorpresa, no se me dejó husmear, pero el clima de conspiración no hacía sino aumentar las dimensiones de lo que estaba pasando. Al caer por fin la noche, en el transcurso de una fiesta más bien tensa, mi padre hizo el ademán por todos esperado y fuimos pasando la familia, los invitados de varias de edades y el pirotécnico, al jardín. Estaba éste cubierto de unos extraños tinglados, como una especie de enormes tendederos de ropa de los que colgaban, de tramo en tramo, unos paquetitos de cartón. El hombre, un tanto nervioso por el inquieto auditorio que iba tocando todo aquí y allá, pretendía que nos quedáramos algo apartados, pero al final debió confiar en que el transcurso de los acontecimientos se bastaría por sí solo para poner el necesario orden. Y prendió fuego al artilugio.

Ahí se armó la de Troya. Al principio la cosa iba de cohetes que se elevaban con un agudo silbido y estallaban luego, como bengalas de las que se desprendía una lluvia de chispas de color; pero se conoce que el pirotécnico, con las mil pesetas, se había sentido obligado a esmerarse por encima de los espectáculos habituales y dio pronto paso a petardos mucho más divertidos. Las ruedas que lanzaban un verdadero chorro de fuego hicieron desaparecer muy pronto del jardín a las señoras y los invitados de más edad. Por fortuna no estaban allí cuando comenzó a estallar la traca.

No es fácil contar lo que supuso una traca semejante; al fin y al cabo ni siquiera la *Biblia* consigue describir adecuadamente el Apocalipsis. Puede dar una idea de la magnitud del ruido el hecho de que se detuviera la circulación que iba y venía de la plaza Gomila, o el detalle de que los pasajeros salieran huyendo de los tranvías. Los extranjeros, muy asustados, creían que había estallado de nuevo la Guerra Civil. Los nativos, más pragmáticos, se limitaban a ponerse a salvo sin entrar en mayores consideraciones históricas. Cuando por fin se hizo el silencio, en el jardín de Bosque 1 y en su entorno sólo quedaban algunos niños totalmente embobados por lo que acababa de suceder.

El tumulto no tuvo fatales consecuencias toda vez que los heridos, de haberlos, no debieron ser de gravedad. Ni siquiera se acercó a investigar la policía municipal, que estaba ya al tanto, seguramente, de las raras costumbres del escritor de larga barba y tremendo vocabulario. Pero pocas semanas más tarde, cuando mis amigos y yo reunimos nuestros ahorros y pusimos unos ridículos petardos en los raíles del tranvía por ver de repetir el espectáculo de los viajeros saliendo escapados por las ventanas, casi acabamos en el cuartelillo de la Guardia Civil. Ya se sabe que eso de la igualdad ante la ley no pasa de ser un misericordioso engaño.

Las conferencias de Bosque 1

No todo fueron tracas y molicie en Bosque 1. Pese a la voluntad declarada del escritor de dedicar al menos un año entero a rascarse la incipiente panza, pronto surgió el gusanillo de las actividades. Camilo José Cela es un maestro en el hallazgo y organización de actividades diversas, que pueden ir desde el recital de un poeta postista en la plaza de toros más próxima hasta la edición de lujo, en papel de hilo, de la *opera prima* de un tratante de ganado, siempre que sea gallego y, por añadidura, amigo. Gran parte de esa actividad es de talante teórico, es decir, se limita al diseño y a la previsión; para convertirse en algo tangible tiene que ser desarrollada luego por todos aquellos que rodean a CJC. Los mayores ataques de esa fiebre de actividad ajena se producen en ocasión de las enfermedades del escritor que, dejando de lado sus tuberculosis juveniles, han sido escasas y más bien leves, pero se han caracterizado siempre por producir efectos secundarios de ese tipo. Una gripe benigna condujo a la fundación de la Editorial Alfaguara. Una diarrea estival le llevó a encargarse de la dirección de un complejo turístico, el Pueblo Español. Los primeros brotes de diverticulitis provocaron su fervor marinero. La familia tiembla cuando piensa en lo que hubiese podido surgir de un cólico de riñón, o de unas varices inflamadas.

Las conferencias de la casa de Bosque 1 no pueden relacionarse directamente con ninguna indisposición; fueron fruto, más bien, del tedio. La vida descansada era un reclamo que, al hacerse realidad, ofrecía menos atractivos de los que se le atribuye de antemano, porque las fiestas, los bailes y las cenas son acontecimientos que repiten demasiado su monótona pauta como para resultar interesantes una vez superada la euforia de la novedad. Así que CJC decidió aprovechar su año sabático contribuyendo a la vida cultural de la isla por medio de conferencias ofrecidas a sus amigos. Dado que los conferenciantes también formaban parte, como condición necesaria y suficiente, de sus amistades, todo quedaba, como quien dice, en casa. Puede que sea ése el secreto del éxito de cualquier iniciativa cultural.

Dieron conferencias en Bosque 1, por ejemplo, Blas de Otero, Ana María Matute y Lorenzo Villalonga (que leyó un texto «a la manera de Marcel Proust»). Entre el auditorio figuraban, además de las amistades de entonces, muchos de los médicos, abogados y gentes interesadas en la cultura en general, que iban a convertirse en grandes amigos de Charo y Camilo José: Fernando Dodero, Pedro Servera, José Caubet, Eduardo Jordá, Manuel Martínez Gargallo, Miguel Binimelis, Gabriel Alzamora, Javier Garau, Juan López Gayá... Y el *hobby* de las conferencias acabó dando paso, en 1959, a un ciclo de cierta importancia: las Jornadas Europeas.

Dentro de esas jornadas llegó a Palma don Ramón Menéndez Pidal, director de la Real Academia Española y sabio reconocido en todo el mundo, que llenó el Salón de las Cariátides del casino local, el Círculo Mallorquín, hasta rebosar. La gente abarrotaba los pasillos, bloqueaba la gran escalera de mármol y llegaba hasta la calle, para pasmo de los anfitriones. Sólo CJC ponía cara de estar de vuelta de todo, como si fuera lo más natural del mundo ese fervor por la Cultura con mayúscula. La verdad es que el Salón de las Cariátides, de enormes dimensiones, sólo justificaba su tamaño con ocasión de acontecimientos excepcionales, como la puesta de largo de las jovencitas de buena sociedad.

La llegada de los conferenciantes daba motivo para que se quedasen unos días con mis padres en Bosque 1; fue ése el comienzo de una larga tradición que llevó a las sucesivas casas de CJC a gente tan importante como Blas de Otero, Tristan Tzara, Miguel Angel Asturias, Jorge Guillén, Max Aub, Américo Castro, Roy

Campbell y muchos otros que debería recordar mejor. De algunos de ellos se hablará más tarde.

Blas de Otero, muy enfermo ya, se presentó en la casa de Bosque 1 con una maleta cargada de medicinas a las que, de todas formas, no hacía mucho caso. Todas las noches, después de cenar, se iba a dar un paseo insistiendo en que nadie le acompañase bajo la promesa de que la caminata no sería demasiado larga. Pero se conoce que una de las veces perdió la noción del tiempo y volvió mucho más tarde, cuando Charo y Camilo José ya se habían acostado. El gran poeta se tuvo que pasar toda la noche en pie, dando vueltas por Palma, hasta que a la mañana siguiente CJC descubrió que no estaba en casa. Mis padres se asustaron mucho ante lo sucedido.

—¡Pero hombre!, ¿por qué no llamaste al timbre?

—Ya lo hice, ya. Pero llamé flojito para no despertarte.

Charo estaba convencida de que ahí se había acabado la amistad con Blas de Otero; sucedió exactamente lo contrario. El poeta les cobró un cariño tremendo ya que, tal como aseguraba, ver amanecer en Palma era una experiencia inolvidable. Quizá fuera demasiado educado como para explicar por qué.

Una secuela interesante de las Jornadas Europeas fueron las Conversaciones Poéticas de Formentor, acontecimiento cultural sin precedentes en la España de los años cincuenta (y, por cierto, en la de ahora mismo) que sirvió para mostrar una nueva e insospechada faceta del escritor: su capacidad de organización administrativa.

Poetas en Formentor

Reunir a medio centenar de poetas en un sitio remoto es una tarea difícil y compleja donde la haya. Pero

Camilo José Cela la abordó con una planificación tan digna y rigurosa, al menos, como la de un congreso de expertos en Inteligencia Artificial.

Las Conversaciones Poéticas de Formentor tuvieron lugar entre el día dieciocho y el veinticinco del mes de mayo de mil novecientos cincuenta y nueve, cuando Camilo José Cela había fundado ya sus *Papeles de Son Armadans,* estaba a punto de publicar su *Primer viaje andaluz* y se había incorporado a la nómina de los miembros de la Real Academia Española. Pero los trabajos de preparación y organización comenzaron mucho tiempo antes. El primer paso consistió en hacerse con el lugar indicado para que poetas de seis diferentes lenguas y muy diversas procedencias pudieran hablar de su obra con la necesaria comodidad y el pertinente sosiego. Formentor era, sin duda, la mejor de todas las posibles alternativas. Aislado en medio del enorme pinar que cubre toda la península del mismo nombre, el lujoso hotel, con su inequívoca vocación novecentista, su extensa nómina de huéspedes ilustres y su merecida fama, era un escenario capaz de mover a cualquier poeta no sólo a llegarse hasta Mallorca sino a compartir su personal gloria, además, con ánimo tolerante. Teniendo en cuenta la larga lista de celebridades a las que se dirigía la invitación*, era imprescindible lograr que se suavizasen las barreras que existen siempre entre genios de la talla de los previstos. Formentor podía contribuir no poco al milagro. Pero el hotel nunca había tenido que vérselas con una tropa poética de tanto relieve.

Por fortuna, el director del hotel Formentor (y uno de sus principales accionistas) era Tomeu Buadas, el mismo que se encontró Camilo José Cela al frente del

---

* El lector la encontrará en el apéndice documental.

hotel Maricel a su llegada a la isla. Tomeu Buadas fue el personaje de más talla humana y cultural que iba a encontrar en Mallorca CJC; la trágica muerte de Tomeu en un accidente de aviación privó a la isla, prematura y aciagamente, de uno de sus más capacitados valedores. Al enterarse del proyecto de CJC, Tomeu se volcó entusiasmado sobre la idea, de tal suerte que las conversaciones poéticas encontraron, a la vez, el lugar idóneo y el anfitrión capaz de asegurar su éxito.

Para no dejar ningún cabo suelto, CJC montó una secretaría permanente atendida por Mabel Dodero, la que luego sería su más asidua y fiel secretaria. En un papel especialmente impreso, en el que un ángel de la colección Guasp de grabados antiguos vigilaba atento todo lo que se decía bajo el membrete, CJC fue surtiendo a los candidatos a conversadores primero, y a los asistentes después, de hasta catorce circulares en las que se les informaba de cuantos detalles cabía imaginar: desde los horarios del almuerzo y la comida del hotel Formentor, hasta la ropa que era razonable llevar a Mallorca en el mes de mayo (traje y corbata obligatorios por la noche y la sugerencia, un tanto anómala tratándose de poetas, de llevar el esmoquin). El remate final lo ponía la decimocuarta circular, aquella que en el epígrafe de *Asunto* contenía una única palabra: «Adiós.»

Algunas de las circulares se apartaban de los detalles protocolarios para entrar en materias de mayor interés. La novena, por ejemplo, indicaba que José María Llompart iba a encargarse de la Secretaría Literaria de las Conversaciones, y la que lucía el número trece llamaba la atención de los autores remolones encareciéndoles, muy amablemente, que entregasen las cuartillas que debían incorporarse al Poemario de Formentor. El quinto comunicado daba fe de la creación, en una dependencia pequeña situada a cien pasos del hotel, del Club de los Poetas, con una biblioteca destinada a recoger las obras de todo cuanto poeta pasase por Formentor; otra iniciativa que había que agradecer a Tomeu Buadas. Pero las dos circulares que más interés tienen, desde mi punto de vista, son las que ostentan los números cuatro y diez.

La cuarta circular es todo un monumento al tono reglamentista que dio Camilo José Cela a una reunión de poetas a la que, en principio, cabía imaginar como algo bien diferente del ordenado cónclave de accionistas de un establecimiento bancario. Reproduzco textualmente su contenido. Bajo el encabezamiento de *Asunto: Presidencia,* figura lo siguiente:

> *Mi distinguido amigo,*
> *Aunque nuestras Conversaciones tienen, efectiva y deliberadamente, carácter de tales y de ellas intentamos apartar todo lo que pudiera restarles espontaneidad y sencillez, no por eso debemos permitir que pudieran convertírsenos en una tertulia sin pies ni cabeza y a lo que saltare. Para evitarlo, C.J.C. ha arbitrado la solución de proponer a los poetas una Presidencia Colegiada, compuesta por seis de nuestros compañeros que velarían, un día cada uno, por el buen y amistoso orden del diálogo.*

Seguía a continuación la candidatura *que C.J.C. se toma la libertad de someter a su consideración con el ruego de que se sirva votarla en la junta previa del día 18,* candidatura que, en un alarde de diplomacia y compromiso, iba haciendo suceder como presidentes a poetas castellanos, catalanes y gallegos y dejaba fuera de la norma dos días porque:

*El día de la llegada y el de la salida los consideramos
inhábiles a nuestros efectos y tan sólo en el primero —y muy
brevemente— se celebrará la junta previa de la que más arriba
le hablo y que será presidida (concepto que él entiende excesivo) por C. J. C.*

La circular estaba firmada por José María Llompart, el Secretario Literario de las Conversaciones, pero
no hay que ser un crítico muy sagaz para adivinar la
mano del propio CJC en su redacción. Basta el parén-
tesis del *concepto que él entiende excesivo* para confirmarla.
Gracias a ese secreto a voces podemos detenernos en
algunos de los giros de la circular, verdaderas perlas que
pueden llevarnos, *à la Freud*, a intuir el talante con el
que mi padre había organizado sus conversaciones.
Hasta el más breve y presuroso análisis nos servirá para
confirmar, sin lugar a dudas, su pasión por el despo-
tismo ilustrado.

El énfasis en la espontaneidad, la sencillez y el uso
del condicional *(velarían)* en esa cuarta circular no pueden ocultar, desde luego, que se estaba proponiendo una
candidatura única. La idea de que semejante cardu-
men de poetas iba a conducir a una tertulia anárquica,
sin pies ni cabeza, era quizá lo que obligaba a añadir
la fórmula ritual de *con el ruego de que se sirva votarla.* En
la administración pública, como es sabido, las órdenes
se dan así.

Creo que si CJC repitiese hoy su reunión de poetas
locuaces utilizaría unos giros idénticos o, al menos, muy
parecidos, aunque lo más probable es que eliminase lo
de *nuestros compañeros.* Es ésa una fórmula ritual muy de-
gradada en los últimos tiempos.

La segunda de las circulares a las que aludía hace
poco, la que lleva el número diez, también merece ser

transcrita sin quitar ni añadir una sola coma. El asunto
se refiere, esta vez, a la *Invitación a los Sres. Guillén y Ridruejo*, y dice así:

> *Distinguido señor,*
> *La lógica situación de incomodidad creada entre los poetas*
> *invitados por las dudas surgidas en torno a la presencia o*
> *ausencia de los Sres. D. Jorge Guillén y D. Dionisio Ri-*
> *druejo, ha podido ser disipada. Don Jorge Guillén, en la*
> *actualidad fuera de España, a donde, por ahora, no ha de*
> *regresar, nos enviará un mensaje que será leído, durante las*
> *Conversaciones, por C.J.C. La tan deseable presencia del Sr.*
> *Ridruejo entre nosotros, ha sido conseguida durante el úl-*
> *timo viaje de C.J.C. a Madrid, a través de los contactos*
> *entablados con el citado señor y con las autoridades, con lo*
> *que han desaparecido, por fortuna, las nubes que oscurecían*
> *nuestro horizonte.*

Firmaba, en esta ocasión, Mabel Dodero, pero imagino que tampoco es demasiado difícil otorgarle al propio CJC el mérito de la redacción. Aun así, quizá ne-
cesite traducirse algo, a beneficio de los lectores que no
hayan conocido la España de mil novecientos cincuenta
y nueve. La circular dejaba patente, por un lado, que
Jorge Guillén no quería volver a España tan pronto
desde su exilio y, por otro, que a Dionisio Ridruejo, tan
vigilado como siempre por *las autoridades*, se le permitía
finalmente acudir a Formentor pese a que allí se en-
contraría con rojos tan notorios como Blas de Otero,
Carlos Barral, José Agustín Goytisolo o Gabriel Celaya.
Puede que el burócrata de turno, al ver en la convoca-
toria eso de «Conversaciones Poéticas», no siguiera adelante con su lectura.

La reunión de los más afamados poetas españoles

del momento transcurrió felizmente, sin mayores sobresaltos ni más desdichas que las preceptivas. Las ma-
nías particulares de los poetas ocasionaron ciertos que-
braderos de cabeza en el hotel Formentor, pero Tomeu
Buadas había aleccionado con severidad a sus empleados y nadie se extrañó, por ejemplo, de que Dámaso
Alonso se presentase con unas cortinas negras en el
equipaje porque no toleraba que le entrase luz en el
cuarto. Mabel Dodero se vio asediada y requerida de
amores por algún que otro poeta demasiado inspirado
por el ambiente bucólico de la playa y el pinar y CJC,
por su parte, también hizo de las suyas, como siempre; pero, en general, las historias de celos y pasiones
fueron las habituales en ese tipo de reuniones. La prudente orden de que la barra del bar no abriese hasta
el atardecer, cuando el coloquio del día hubiera terminado, ahorró, por lo visto, muchas dificultades.

El mayor conflicto se desató en ocasión de un improvisado homenaje a Costa y Llobera, autor de un hermoso poema dedicado a un árbol de Formentor. Por iniciativa de algún alma bienintencionada, pero sin duda
cándida, dos poetas, uno catalán y otro castellano, le
ofrendaron una corona en la cala Murta, cerca del hotel. Los poetas gallegos tomaron muy a mal su margi-
nación, aunque era del todo involuntaria, y se armó un
conato de motín. Fue una suerte que ni los poetas fran-
ceses, ni los ingleses, ni los alemanes, se enterasen de
qué iba el pleito. Hubiera sido muy complicado repetir
el acto con una nueva corona transportada, esta vez, por
seis poetas. Las necesidades de simetría habrían con-
ducido a dar vueltas, monte abajo, para alternar la cabecera, con seguro riesgo de algún que otro esguince.

Las Conversaciones de Formentor no tuvieron se-
cuelas. Pero otro acontecimiento organizado por Car-

los Barral que nació un poco a su sombra, el Coloquio Internacional sobre Novela, alcanzó a través del Premio Formentor larga vida y prestigio internacional. Tanto Tomeu Buadas como su hotel se lo merecían, desde luego.

Un concierto de flauta

Charo y Camilo José siguieron yendo a Formentor muchas veces, a pasar los fines de semana. Para mí se trataba de una tortura: tal como se advirtió a los poetas, había que llevar traje y corbata y, en según qué ocasiones, hasta esmoquin. Pero lo peor de todo era la dificultad de encontrar a alguien de mi edad. Me pasaba las horas muertas junto a la mesa de pimpón esperando que alguien se animase a jugar una partida conmigo. CJC, por el contrario, estaba en su salsa. Tomeu Buadas se volcaba en sus atenciones y, además, el hotel era un lugar idóneo para exhibir, siempre ante un público fiel y abnegado, los múltiples recursos de un escritor al que le sobran el talento y el éxito.

El episodio más célebre de los muchos que se sucedieron en el hotel Formentor fue el de un concierto de flauta que dio mi padre ante un auditorio selectísimo entre el que se encontraban Tomeu Buadas, Joaquín Soler Serrano y un notable crítico musical italiano, cuyo nombre será mejor silenciar. Durante la cena la conversación derivó hacia el virtuosismo musical y CJC se aburrió muchísimo hasta que se le ocurrió decir, para pasmo de la mayoría de los comensales, que él era todo un maestro de la flauta. Tomeu le siguió enseguida la corriente y, después de muchos ruegos, todos quedaron invitados a llegarse hasta la *suite* del escritor para gozar del privilegio de un concierto en privado. Tomeu

Buadas advirtió a la concurrencia de las severísimas consignas. Estaba permitido sentarse, pero no fumar, ni moverse bajo ningún concepto de la silla asignada. Las luces debían atenuarse unos minutos antes de la entrada del escritor (¿o será mejor decir el maestro?), y resultaba imprescindible mantener un silencio sepulcral desde ese mismo momento. Nada de aplausos hasta haber terminado la obra, que por otra parte era brevísima.

CJC salió del cuarto de baño con un gorro de marinero de lana calado hasta las orejas, muy serio y con gesto de gran concentración. En medio de una expectación difícil de transmitir, se acercó la flauta a los labios. Quizá sea éste el momento indicado para aclarar que mi padre no ha sabido jamás tocar ningún instrumento, confunde la ópera y las sinfonías de Beethoven y, como Napoleón, cree que la música es uno de los ruidos más molestos e inútiles que existen. Pero estuvo a la altura de las circunstancias. Dejó transcurrir un tiempo larguísimo, para soplar luego violentamente, durante dos o tres segundos, a la vez que se desmelenaba con pasión. Luego se puso a saludar con grandes reverencias mientras Tomeu encendía las luces y los amigos vitoreaban y aplaudían a rabiar. El crítico italiano no estaba seguro de si le habían tomado el pelo o no pero, ante las dudas, optó por sumarse a los aplausos.

CJC eligió ese preciso instante para rematar la jugada. Animado por el éxito, metió una mano y la manga correspondiente en el bolsillo del pantalón, haciendo como si fuera manco, cogió un cenicero de encima de la cómoda con la mano libre y, sacando un dedo por la bragueta, agarró la flauta con él mientras pasaba el plato. Creo que ninguno de los presentes podrá olvidar nunca la escena.

CAPÍTULO 5

LOS *PAPELES DE SON ARMADANS*

Tres años atrás

Al dedicar el capítulo anterior a los poetas, cosa que anima a tomarse libertades y licencias incluso si se trata de una reunión tan férreamente organizada como la de las Conversaciones Poéticas de Formentor, se ha alterado el orden cronológico de este libro. A Formentor se fueron Camilo José Cela y sus colegas, como quedó dicho, en mil novecientos cincuenta y nueve, pero tres años antes había tenido ya lugar un par de acontecimientos importantes en la vida del escritor. De uno de ellos, su entrada en la Real Academia, se hablará en el próximo capítulo. Vamos ahora con el otro. En el mes de abril de mil novecientos cincuenta y seis, mientras las heladas rachas de la sierra de Tramontana traían los primeros chubascos de la primavera mallorquina y la isla se comenzaba a sacudir la somnolencia del invierno, en el número uno de la calle del Bosque nacía la revista literaria *Papeles de Son Armadans*.

Dentro de las aventuras que se ha planteado un ser tan inquieto como Camilo José Cela, cuya proverbial actividad ha sido ya narrada y cuyo culo de mal asiento puede deducirse fácilmente de toda la crónica anterior,

la de crear una revista literaria ha sido con toda seguridad la que ha dado pie a los más negros augurios.
Todos aquellos a quienes CJC contó el proyecto, que
tampoco fueron tantos, coincidieron sospechosamente
en un unánime pronóstico: tres meses de vida, a lo
sumo, era todo lo que se daba a una publicación mensual dedicada a la literatura. España es un país que
no lee ni poesía, ni novelas: ¿cómo iba a interesarse
lo más mínimo por los estudios literarios? Los precedentes tampoco ayudaban a levantar el ánimo: hasta
la *Revista de Occidente*, apuntalada por el prestigio de
Ortega y más abierta hacia las humanidades en un
amplio sentido, había acabado cerrando sus páginas
tiempo atrás.

Huelga decir que esas opiniones fueron decisivas
para que mi padre se animara a seguir adelante con
su revista. El escritor ha sido durante toda su vida un
ser volcado hacia el optimismo, uno de esos mágicos
personajes que, a la manera del héroe hegeliano, cree
que todo lo que pasa por la mente puede convertirse
en realidad; si aparecen obstáculos tenidos por insal-
vables bastará con arrimar el hombro y empujar de
firme, siguiendo el camino marcado por la necesaria
fe, hasta que terminen por derrumbarse todas las murallas.

Esa forma de ser ha llevado a CJC a mostrarse duro
e inclemente ante la presencia del fracaso o, mejor dicho, de los fracasados. Igual que los indígenas de los
que habla Evans-Pritchard en sus libros sobre los he-
chiceros africanos, Camilo José Cela no cree en la existencia de la mala suerte. Existen tribus en Africa cen-
tral, como la de los zande, que atribuyen todo lo que
sucede a la voluntad humana; en caso de presentarse
la desgracia, buscan detrás de ella la huella de la bru-

jería, del mal de ojo intencionado que causa las enfermedades, las catástrofes y la muerte. CJC, más cercano a los mecanicistas del modernismo científico, admite que las fuerzas de la naturaleza imponen sus leyes, pero la influencia de su padre, el fiel lector de Nietzsche y Schopenhauer, le ha llevado a creer a pies juntillas en el dominio absoluto de la voluntad.

El fracaso, la depresión o el desánimo, según tan espartano planteamiento, se convierten para Camilo José Cela en la muestra indudable de la pereza. Un escritor que advierte siempre a todo el que se acerca a escucharle que la inspiración no existe, que la literatura es el resultado de sentarse diez o doce horas delante de las cuartillas en blanco, día tras día, hasta sudar sangre en el empeño; un escritor así, ciertamente, acabará por identificar el éxito con el esfuerzo y verá en el mecanismo de la selección natural la infalible prueba de que bajo el orden del cosmos se encuentra siempre la tutela de la justicia. Quedan a un lado las desgracias y los lamentos de los vagos, los gemidos de los remolones, las argucias de los que, con tal de no seguir adelante, acuden una vez y otra al alivio del pretexto. La fortuna, en la orilla contraria, tiende su manto sobre los abnegados, los tenaces, los que no se rinden ante los caprichos del destino. Y de esa forma acaba por aparecer un mundo necesariamente dividido en dos mitades, en dos valles tan alejados uno del otro que ni siquiera comparten la delgada línea de una frontera común. Camilo José Cela es un juez durísimo para las debilidades del carácter humano; no en vano los personajes de sus novelas acaban siempre sometidos al agobio y desesperación que les caracterizan. Camilo José Cela es español, pero hubiera podido ser ruso sin que sus libros lo acusasen de una forma notable.

Acerca de la firmeza de carácter

Camilo José Cela ha manifestado su tozudez desde muy niño. Teniendo cosa de cinco años de edad, o puede que algo menos, apareció un titiritero por Padrón, el pueblo que queda cerca de la parroquia natal de CJC. El hombre añadía a los saltos y equilibrios habituales la maña de romper platos llanos, soperos y de postre con la cabeza. El señorito Camilo José aseguró que eso no tenía ningún mérito y, nada más volver a casa, se reventó en su repeinada cabeza hasta media docena de platos sin mudar el gesto. Esa cualidad tan temprana de sostenerla y no enmendarla jamás, pase lo que pase, se ha depurado y asentado con la edad hasta convertirse en un principio de la personalidad del escritor que le ha puesto, a veces, en alguna que otra situación comprometida. Añadiré un único ejemplo más a beneficio de escépticos.

Un día de los de vino y rosas, cuando mis padres vivían en el chalé de Bosque 1 y CJC se acercaba invariablemente todas las tardes a los bares que quedaban en la cercana plaza Gomila a pasar el tiempo con los amigos, el escritor se encontró, de repente, algo más aburrido que de costumbre. Los personajes de Camus matan árabes en la playa cuando se encuentran en una situación parecida y aprieta el calor; CJC se limitó a acercarse a un guardia urbano que, en el extremo de la barra del bar, se tomaba una cerveza para descansar por unos momentos de las fatigas de la tutela del tráfico. El escritor le saludó muy finamente para rogarle, a continuación, que le prestase el casco. El guardia se quedó de piedra.

—¿Cómo dice? ¿Que le preste qué?

Camilo José Cela repitió con mal disimulada impaciencia su deseo y pasó a explicarle luego que el casco era de propiedad municipal; es decir, de la ciudad; o sea, de los vecinos; en consecuencia, de él mismo o de sus amigos allí presentes. De cualquiera antes que del propio guardia. El agente del orden, algo mosca por no haber seguido del todo bien la cadena de las razones, quiso ganar algo de tiempo:

—Sí, bueno, pero ¿para qué quiere usted el casco?

—El destino final no influye sobre el derecho al usufructo.

—¿Cómo dice?

—Que lo quiero para mearle dentro.

El guardia se tomó muy a mal que le quisiesen mear el casco y se puso como una fiera, dando grandes voces y amenazando con llevarse detenidos al escritor y a sus amigos bajo vagas y un tanto generales acusaciones de alteración del orden, desacato a la autoridad y escándalo público, todo a la vez. El dueño del bar, que conocía a los dos, al guardia y al escritor, consiguió mediar lo suficiente como para calmar los ánimos, pero no sin grandes dificultades. Camilo José Cela insistía en que le dejasen el casco; se trataba de una cuestión de fuero y no de huevo.

—Aquí el agente se resiste a ceder el uso de un bien público y eso no puede ser.

—¡Pero es que usted me lo quiere mear!

—Está usted equivocado. Yo me conformo con que me deje mearlo, que no es lo mismo.

Como el guardia no veía nada clara la sutileza semántica, agarraba firmemente el casco. Al fin accedió a dejárselo un rato a CJC, pero a condición de que éste no lo apartara de su vista. Con la porfía acabaron los dos muy amigos, tomando copas juntos, mientras mi padre, en recuerdo de sus lejanas épocas de estudiante de la Complutense, le explicaba los más profundos recovecos del Derecho Administrativo.

Se trata de un episodio banal. Pero demuestra el mismo empuje y la misma fe que Camilo José Cela ha puesto siempre que ha tenido que enfrentarse a empresas de las tenidas por imposibles de antemano. El camino de la aventura es el que marca la diferencia entre los dos mundos del éxito y del fracaso en la conciencia de mi padre. Y, como cabe suponer, ningún riesgo es demasiado alto, ninguna ambición desmedida si se confía lo bastante en las propias fuerzas.

Por lo general, los acontecimientos han dado la razón al escritor. No cabe la menor duda de que se la dieron, desde luego, en el episodio de la revista literaria, porque en este caso contamos con el sólido testimonio de la perspectiva histórica. *Papeles de Son Armadans*, la aventura que debía durar tres meses a lo sumo, se publicó durante veintitrés años y doscientos setenta y seis números, más los extraordinarios y los bis, sin solución alguna de continuidad.

Nace la revista

Cada vez que se enfrenta a cualquier proyecto imaginable (escribir una novela, fundar una revista, comprar un perro, descubrir un valle recóndito, apadrinar a un infiel, organizar una editorial, inventar un negocio, establecer un imperio), Camilo José Cela dedica sus primeros y más importantes esfuerzos a bautizarlo. Su pasión por los nombres, que hubiera puesto nervioso hasta a Guillermo de Occam, es otro de los rasgos que marcan el obsesivo discurrir de las jerarquías por la cabeza del escritor. Lo primero es lo primero, y lo primero de todo, nos lo recuerdan hasta los libros sagrados, fue la palabra en la mente de Dios. Camilo José Cela comienza todas sus aventuras de idéntica manera: toma una cuartilla en blanco y dibuja con su minúscula letra, muy ordenamente, subrayándolo después, el nombre. Así nacieron *La familia de Pascual Duarte, Tobogán de hambrientos* o *La rosa*. Así quedan bautizados todos los proyectos (como la nueva novela, *Madera de boj*) que el escritor conserva en su vieja carpeta azul, de las que se cierran con gomas, escondida en lo más hondo del cajón de su mesa de trabajo. A veces no hay nada colocado todavía debajo del nombre de la nueva empresa, pero éste sobra para justificar su existencia. La tradición familiar ha permitido al hijo de Camilo José Cela librarse de quedar censado en lo alto de una cuartilla vacía al poco de tenerse por cierta la preñez pero, de no haber sido por el reglamentario «Camilo», el embrión hubiera figurado ya como «Juan Carlos», «Jorge», «José Luis» o «Rafael», por limitar su posible gracia a la de los hermanos del escritor. Los demás rasgos quizá se hubieran dejado a merced de la naturaleza, pero el del nombre es un patrimonio al que CJC no hubiese estado dispuesto a renunciar.

Así nació también *Papeles de Son Armadans*.

A nadie ha de extrañarle, pues, que el artículo editorial con el que comienza el primer número de la revista se dedique, sobre todo, a explicar su nombre.

Papeles de son Armadans. El porqué de *Papeles* está bastante claro y no merece mayores comentarios. *Son Armadans*, también: así se llama el barrio en el que estaba la casa de Bosque 1 donde la revista se fundó. Pero el acomodado vecindario que ocupaba los chalés y las casas de la barriada tendía a escribir su nombre de una forma equivocada: *Son Armadams*, con dos emes. CJC no podía tolerar semejante error; mucho menos todavía iba a conformarse con que la perezosa costumbre lo diera por bueno. Así que el primer artículo de *Papeles de Son Armadans* rompe una lanza en favor del purismo: Armadans, con eme y ene, era el apellido de la familia señorial dueña del predio, y no había motivo alguno para cambiarlo; así iba a figurar en la cabecera de la revista. La palabra *Son*, que contrae la antigua frase «lo de» (Son Armadans, lo de los Armadans), también se llevó su dosis de eruditas acotaciones. Algunos la escriben con apóstrofe (S'on); CJC rompió una lanza en favor de la versión desnuda.

Una de las disputas en la que más fervor y pasión ponen los vecinos de la isla de Mallorca es precisamente la de la ortografía de los lugares. Valldemossa, con más o menos «eles» y «eses», o Andratx con una «i» o no delante de la «te», son ejemplos de la enconada lucha. Pero en la actualidad Son Armadans se utiliza siempre así, como decía Camilo José Cela que debía ser. Más le vale.

El primer número de *Papeles de Son Armadans* vio la luz en el mes de abril de mil novecientos cincuenta y seis. Constaba de catorce pliegos de ocho páginas cada uno, a los que se sumaba un cuadernillo final de papel de color con los anuncios. Se tiraron mil quinientos ejemplares a un precio de venta al público de veinticinco pesetas cada uno, si bien la edición de hilo, en papel verjurado Guarro, costaba hasta cinco veces esa cifra.

Después del editorial, componían el índice del primer número unos muy sabios artículos de Gregorio Marañón, Alonso Zamora Vicente, José María Castellet, José María Moreno Galván y Ricardo Gullón. Los versos corrían por cuenta de Dámaso Alonso y Carles Riba (cuyo *Cor delatat* se publicaba en catalán). Un relato breve de Rafael Sánchez Ferlosio y las secciones de chismes literarios y noticias de libros concluían la nómina.

La presentación de *Papeles* era exquisita, con la portada alternando siempre dos colores (el negro y otro —granate, verde, azul, anaranjado— que cambiaba con una pauta regular), las xilografías de la colección Guasp como único y discretísimo adorno, su aire vetusto, y los hermosos nombres de las secciones: «El taller de los razonamientos» para los ensayos; «El hondero» para los versos; «Plazuela del conde Lucanor» para los relatos en prosa y «Tribunal del viento» para la miscelánea literaria, las réplicas y las puntualizaciones. Esas eran las habituales, pero de vez en vez se añadían otras como «La atalaya y el mapa» (que incluía notas del extranjero), «Corral de comediantes» (de obvio contenido), «Yunque de tinta fresca» (dedicada a las críticas o noticias de los libros más o menos recientes), «El reloj de las epístolas», o tantas otras que no me vienen ahora a la memoria.

La imprenta Mossèn Alcover

Los *Papeles de Son Armadans*, tal como indicaba la solapa de la revista, se componían a mano en la imprenta Mossèn Alcover de la calle de la Calatrava, en el barrio de igual nombre de la ciudad antigua de Palma. Luis Ripoll, un personaje casi de leyenda en el mundo de la cultura mallorquina, era el amoroso artesano que cuidaba de su imprenta como si se tratase de una reliquia, lo que en modo alguno se puede considerar como una exageración.

Cada página de *Papeles* seguía un mismo y laborioso

proceso. En primer lugar el cajista, un hombre mayor y taciturno que se llamaba Moll, con los originales a su alcance y bien sujetos entre los restos de un bocadillo momificado de sobrasada, un calendario de veinte años atrás y un montón de impresos con el anuncio de unas fiestas de pueblo que nadie jamás habría de reclamar, iba colocando letra a letra, y de forma invertida como la imagen que se refleja en un espejo, los diferentes caracteres del texto en el componedor. Lo hacía con una rapidez y tiento que nunca me dejó de sorprender, quejándose a la vez, ritualmente, de la incompetencia de los jóvenes tipógrafos y la maldad que escondían las máquinas de composición automática. Una vez completa cada línea, la colocaba cuidadosamente en la galera, una debajo de la otra, hasta que la página de la revista quedaba a plena satisfacción del señor Moll. Llegaba entonces la hora de sacar una prueba de imprenta, cubriendo de tinta la página con la ayuda de un rodillo de goma y apretándola luego, igual que lo haría el niño que se afana con una imprentilla de juguete, sobre una hoja de papel. Cualquier cuartilla en blanco servía para obtener la prueba.

Una vez corregidas las erratas y añadidas las xilografías que animaban el texto, llegaba el momento de imprimir en el sentido estricto del término. La máquina que se utilizaba era una antiquísima Minerva, una reliquia con patas de hierro que terminaban en sendas garras de león entre las que quedaba sujeta media esfera terrestre. La máquina movía sus fauces acompañando el cadencioso y elegante movimiento con un sonido metálico un tanto ronco y poderoso. El mozo que cuidaba de colocar pliego tras pliego de papel, imprimiendo cada vez ocho páginas de la revista, debía estar atento a sus gestos y evitar engañarse con el ritmo monótono, casi somnoliento, de la prensa. No existía mecanismo alguno de seguridad capaz de detener la maquinaria en caso de error. Su fuente de energía era un burro situado en el piso superior de la imprenta, un animal que daba vueltas y más vueltas, con los ojos vendados para evitar los malos pensamientos, caminando eternamente sobre un suelo cubierto de paja.

Los pliegos de papel, una vez impresos, se doblaban con la ayuda de una regla larga de madera. Unas mujeres enlutadas las cosían luego y pegaban una a una las tapas de cartulina. Pero las hojas del ejemplar ya terminado no se guillotinaban; los usos modernos estaban tan vedados en *Papeles* que ni siquiera se concedía esa mínima comodidad. El lector que, además de comprar la revista, pretendía leerla, debía ingeniárselas para cortarlas con la ayuda de un abrecartas (los cuidadosos), de un cuchillo (los prácticos) o de un dedo (los chapuceros).

Entresijos de *Papeles*

La lista de los colaboradores de *Papeles de Son Armadans* sirve para escribir la crónica del mundo intelectual español de los años cincuenta en adelante. Si nos limitamos a examinar los ejemplares de los dos primeros años, para no aburrir excesivamente al lector, encontramos allí, citados en desorden y sin prestar demasiada atención al hecho de que se haya escapado algún nombre, los que siguen: José María de Cossío; los ya citados Marañón, Castellet, Zamora Vicente, Moreno Galván, Gullón y Ferlosio; Aranguren; Carlos Barral; Carlos Bousoño; Julián Marías; Lázaro Carreter; Perucho; José María Souvirón; Luis Felipe Vivanco;

Ferrater Mora; Caballero Bonald; Gerardo Diego; Jorge C. Trulock; Pío Baroja; Paulino Garagorri; Josep Pla; Carmen Conde; Miguel Pérez Ferrero; José Luis Cano; Gil de Biedma; Laín Entralgo; Julio Caro Baroja; Angel Crespo; Lauro Olmo; Antonio Tovar; Vicente Gaos; Américo Castro; Antonio Vilanova; Luis Cernuda; Guillermo de Torre; Juan Goytisolo; Max Aub; Juan Eduardo Cirlot; José García Nieto; Lafuente Ferrari; Santos Torroella; José María Llompart; Rof Carballo; Angel Ferrant; José María Valverde; Vicente Aleixandre... ¿Para qué continuar? Seguro que me he saltado ya algún nombre importante. Pero sería injusto interrumpir aquí la nómina sin añadir un detalle digno de resaltarse. Desde los primeros números se incluyeron en *Papeles* poemas en gallego (Aquilino Iglesia Alvariño; Manuel María; Celso Emilio Ferreiro) y en catalán (Carles Riba; J.V. Foix; Salvador Espriu; Blai Bonet). La revista se enviaba a la censura previa, como era preceptivo, pero a ninguna autoridad competente le llamó jamás la atención ese detalle. Puede que la autoridad competente no sea demasiado partidaria de leer poemas.

Uno de los misterios que más intrigaron a la *intelligentzia* madrileña fue la manera como se las arreglaba para subsistir una revista literaria que se editaba, además, en provincias. La opinión más extendida sostenía que *Papeles* la pagaban los March, pero no es cierto. En el artículo «Breves palabras de despedida» con el que CJC entonaba el adiós de la revista, se da cuenta de las ayudas que se recibieron: el Club Urbis pagó los números extraordinarios dedicados al pintor Solana y a Gaudí; Tomeu Buadas se hizo cargo del *Poemario de Formentor*; la Sociedad de Estudios y Publicaciones, de la mano de José Antonio Muñoz Rojas (asiduo colaborador de *Papeles*, por otra parte), dio los dineros ne-

cesarios para sacar a tiempo el número de homenaje
a Angel Ferrant, con éste ya en su lecho de muerte. La
única subvención que recibió no directamente encami-
nada a pagar un número extra en su larga historia fue,
muy al final de su vida, la que supuso la compra de
algunos ejemplares por parte de los ministerios de Asuntos Exteriores y de Cultura. Eso es todo.

Papeles de Son Armadans nació y vivió gracias a tres
fuentes de ingresos. La venta de ejemplares en las librerías nunca fue muy productiva, así que *Papeles* de-
pendió para sus finanzas de las otras dos. La primera
y más importante era la de los suscriptores: inicialmente
alcanzaron el número de trescientos, amigos de CJC
casi todos ellos. Muchos de esos mecenas iniciales fueron luego dándose poco a poco de baja, pero gracias
a ellos pudo sostenerse la revista en su primera y más
difícil época. Aunque el capítulo de suscriptores fue
siempre crucial para la economía de *Papeles*, una vez
arrancada la revista no costaba apenas ningún esfuerzo
tener una cartera de suscripciones holgada; el cupo quedaba ya más que cubierto con los pedidos de las universidades americanas.

La última de las fuentes de ingresos fue la publicidad. Desde el primer número se reservó una parte de
las páginas finales, las de papel de color, a los anuncios. Unos eran de pago (y debidos al compromiso),
como los de Galerías Preciados, Radio Nacional de España o las editoriales (Gustavo Gili, Noguer, Destino,
Seix Barral); otros, sobre todo más tarde, se publicaban en régimen de intercambio con alguna que otra
revista literaria. Ni la CIA ni el KGB mandaron nunca
cheque alguno, pese a los rumores en contra. Pero se
puede asegurar que CJC, en caso de que lo hubiesen
hecho, habría sabido hallar entre los antiquísimos gra-

bados de la colección Guasp alguno bien a propósito
para el adorno de sus respectivos anuncios.

La gente de la revista

La crónica de *Papeles* sería torpe e injusta si no tu-
viéramos en cuenta a las personas que la llevaron. El
alma de la revista era, por supuesto, el propio CJC; a
él se debió tanto la respuesta masiva de los colaboradores como el celo insólito de las suscripciones. Pero
con cierta frecuencia (muy de vez en vez al principio,
pero más a menudo con el paso de los años), CJC estaba fuera, de viaje, o se dedicaba a otros menesteres;
la revista quedaba entonces en las exclusivas manos de
quienes dedicaron ilusión, cariño y fe a *Papeles* sin obtener nada demasiado notorio como contrapartida, salvo
el hecho, un tanto milagroso en sí mismo, de verla salir más o menos puntualmente cada mes. Algunos de
esos abnegados valedores de *Papeles de Son Armadans*, como
Fernando Sánchez Monge, sobre quien recaían todas
las tareas emparentadas con las suscripciones, los en-
víos, la publicidad, las librerías y los proveedores, estuvieron en la revista desde el principio hasta el final.
Otros duraron menos: Baltasar Porcel es el más ilustre
de los que se ocuparon brevemente de ella. Capítulo
aparte merece el administrador, Miguel Nicolau, que
se maravillaba día a día ante los sistemas contables, un
tanto surrealistas, utilizados por CJC.

Y, claro es, restan los secretarios, o subdirectores,
que de las dos formas se conoció a quienes ocupaban
el cargo de segundo de a bordo. La revista, según pro-
clamaba su cabecera, estaba «dirigida por Camilo José
Cela», pero siempre hubo alguien para echarle una mano

en el manejo (relativo) de los originales, la correspondencia y la imprenta. Durante las ausencias de mi padre,
que, tal como se ha dicho, fueron haciéndose más y más
largas cada vez, el secretario se convertía, de hecho, en
un director accidental; su huella era claramente visible
tanto en el contenido literario de la revista como en el
combate mantenido con la imprenta para sacarla sin demasiadas fechas de retraso. El primero de esos virreyes
fue Pepe Caballero Bonald, una especie de segundo padre con el que me encontré en mi adolescencia. Caballero Bonald hacía ya de secretario de CJC en Madrid,
años antes de que apareciese la revista y, una vez en Bosque 1, inauguró el cargo. Luego vinieron, aunque quizás equivoque el orden, ya que cito de memoria, Josep
Mª Llompart, mi tío Jorge C. Trulock, Sergio Vilar, Antonio Fernández Molina, Juan Benito Argüelles y Fernando Corugedo. Hasta yo mismo me encargué durante
un tiempo de *Papeles*; ¿adivinan cuándo? Sí, lo han acertado: cuando la revista tuvo que cerrar.

Los sucesivos secretarios de *Papeles* fueron gente de
distinto carácter y disposición pero llevada toda ella de
un mismo amor por la literatura como único motivo
para justificar un trabajo tan esclavo y poco gratificante.
Papeles fue siempre una aventura capaz de atrapar los
corazones; quizá por eso aguantó tantos años siendo
la revista literaria un poco por antonomasia de las que
salían en nuestro país, que tampoco eran tantas. Entre
un ser emotivo y tierno, como mi tío Jorge, y otro ce-
rebral y gélido, como Sergio Vilar, pocos rasgos comunes cabría hallar. Pero los dos fueron parte de una
misma y muy parecida epopeya, y me atrevo a suponer que ambos dan por buenas las angustias y los su-
dores que se dejaron en ese camino.

Me incorporé a *Papeles* en la última época, que po-

dría titularse como «la de las novedades». La primera
novedad de todas fue la del trabajo en equipo, tan de
moda en aquel entonces: Fernando Corugedo y yo nos
repartíamos las tareas de la redacción. También fue no-
vedoso cambiar de imprenta, después de tantos años
utilizando la palmesana de Mossèn Alcover; los costos
acabaron por imponer su ley. Otro relativo cambio fue
el que, a la sombra de *Papeles*, pretendiéramos organizar una colección de libros. La revista ya había realizado algunas actividades editoriales, de las que luego
se dirá algo más, pero siempre a salto de mata y como
acontecimiento excepcional. Nosotros, con la colección
Azanca, pretendimos dar a las publicaciones no perió-
dicas una cierta continuidad. Sacamos cuatro libros,
que aún me atrevería a calificar de importantes: a saber, un ensayo, *Etnología y utopía*, de Gustavo Bueno; una
novela, *Las últimas palabras de Dutch Schultz*, primicia absoluta de William Burroughs en España; una narración corta, *Pequeña y vieja historia marroquí*, de Max Aub,
y una colección de cuentos, *Trece veces trece,* de Gonzalo
Suárez, más conocido ahora (y quizá también entonces) como director de cine.

Guardo de la época de *Papeles* y de la colección *Azanca*
recuerdos vagos pero gratificantes. Puede que el más
fácil de verter en un libro como éste sea la carta que
le pedí a Max Aub para prologar su *Pequeña y vieja historia;* una carta en la que me contase por qué un ilustre
exiliado como él había aceptado publicar en *Papeles,* revista editada, al fin y al cabo, en la España que él tuvo
que abandonar. La reproduzco textualmente.

¿Por qué colaboré en Papeles de Son Armadans?
Porque es la revista de su padre.

Yo quería (quiero) publicar en España. Lo malo, en 1950, era saber dónde. Insula, *bien (y sigo).* ¿Indice? *De mi colaboración en esa revista tendría algo que decir, pero su director no quiere y menos poner los puntos sobres las íes, y soy bastante mirado en eso de la ortografía y preferí darme por enterado.*

La Revista de Occidente, Cuadernos Hispanoamericanos *me ignoran, ellos sabrán por qué.*

No soy sectario; nunca envié página que no pudiera publicarse o a lo sumo con una supresión insignificante si el burócrata se levantaba de peor humor el martes que el lunes.

Como no soy sociólogo he colaborado únicamente de muy tarde en muy tarde en Cuadernos para el diálogo.

Como no soy poeta, propiamente dicho, y sólo envié una vez versos a Alamo *y como, por encima de todo, soy amigo de mis amigos, también colaboro con el* Urogallo.

Siento no poder hacerlo en revistas de gran circulación, pero comprendo que no íbamos a estar de acuerdo en los temas a tratar. A veces he dicho algunas verdades, lo que me lleva a suponer que colaboré en Papeles *porque nunca quise dar mi brazo a torcer, y lo cierto es que no lo intentaron siquiera. De ahí mi feroz agradecimiento.*

Sólo estuve en Mallorca una vez —y una semana— debe hacer como cincuenta años; pero me acuerdo como si fuese mañana; tal como Papeles *ha mantenido, durante décadas, la imagen de una España que sólo existe en nuestro pasado y en nuestro porvenir.*

Nunca creo haber y haberme aprovechado tanto de una amistad y de una hoyanca.

Max Aub

El libro de Aub se publicó en el año mil novecientos setenta y uno con una única corrección de las que él llamaba menores. La censura no aceptó que el generalísimo Franco saliera en el texto de su *Pequeña y vieja historia marroquí* tal como el autor lo describía, y hubo que eliminar el párrafo en cuestión. Qué poco se imaginaba el malhumorado burócrata de entonces lo pequeña y vieja que iba a resultar, al cabo de muy pocos años, su propia y miserable historia.

Ritmos y cadencias

La revista de Camilo José Cela salió, con ciertos altibajos en lo que hace a su puntualidad, casi todos los meses de su larga historia. Como he sugerido hace poco, la lucha de los secretarios de redacción con la imprenta para que *Papeles* estuviera en la calle en el mes pregonado por su cabecera, sin llegar a épica, fue dura y desigual. Salvo Sergio Vilar, que utilizaba un tanto crueles métodos germánicos en su trato con los artesanos de la Mossèn Alcover, todos los responsables de la revista daban por buena una pequeña demora de un par de semanas, o tres, o quizá cuatro. Alguna que otra vez hubo que tirar un número doble para compensar retrasos, pero como también se sacaron números extraordinarios, y hasta dos o tres almanaques de fin de año, lo comido puede darse perfectamente por lo que se llegó a servir.

La única vez en que la catástrofe asomó su amenazadora imagen fue una primavera, durante los primeros años de *Papeles,* cuando unas vacas bravas que iban camino del matadero se metieron a curiosear en la imprenta. Parece imposible que unos animales tan grandes y de tan prominente barriga pudieran subir los tres empinados escalones que daban acceso a la Mossèn Alcover y colarse luego por la estrechísima puerta, pero lo hicieron. Los operarios, que carecían de toda vocación torera, se asustaron mucho y se subieron a las mesas y las máquinas mientras las vacas iban derribando y pisoteando pliegos de papel, bidones de tinta y originales de algún que otro candidato al Nobel de literatura. Cuando los animales descubrieron al burro en las alturas, en un gesto de solidaridad que les honra, completaron la tarea cagándose encima de todo el desaguisado.

El ejemplar de *Papeles* de ese mes salió a la calle muy tarde, pero no se dieron explicaciones acerca del motivo de esa demora. Los suscriptores extranjeros no se merecían tales sobresaltos.

Los Picasso

La revista de Camilo José Cela publicó, además de los números corrientes, los extraordinarios y los almanaques, algún que otro libro un tanto a salto de mata y sin mayores pretensiones de planificación. La colección más nutrida de todas las que fueron editando las Ediciones de los Papeles de Son Armadans fue la de Juan Ruiz, dedicada, claro es, a los libros de poesía. Salieron en ella obras de Gerardo Diego, de Luis Felipe Vivanco, de Celaya, de Guillén, de Unamuno, de García Nieto, de Luelmo... Hasta veinte poetas, entre los que se encuentra el mismo CJC, con su primera obra de juventud, *Pisando la dudosa luz del día*. Pero no se publicaron solamente libros de versos; la tarea editorial de *Papeles* fue bien amplia y nada sujeta a normas rígidas. Se debe a ella hasta un recetario de cocina, el *Libro de guisados, manjares y potajes* compuesto por Maese Ruperto de Nola, cocinero que fue del Serenísimo Señor Rey don Hernando de Nápoles. El libro era sacado a la luz «por un barrigón consciente de su deber». Me limito a copiar su portada.

Pero si hubiera que apostar sobre cuál fue la obra de mayor alcance y trascendencia de las que se publicaron en las Ediciones de los Papeles de Son Armadans, nadie dudaría en señalar una: la *Gavilla de fábulas sin amor.* Se trata de un libro exquisitamente impreso; todos los que se publicaron en *Papeles* lo eran, pero en éste el mimo editorial se había llevado a sus últimos y más enfermizos límites. La empresa bien lo merecía, porque el texto, poéticamente surrealista, era del propio CJC; y las ilustraciones..., ¿a que ya lo saben? Sí; las estampas eran ni más ni menos que de Pablo Picasso.

De entre todos los amigos ilustres que ha tenido Camilo José Cela el escritor ha mostrado siempre su mayor admiración por Picasso. El anárquico y genial pintor, huído de España y apartado del mundo en su villa del sur de Francia, capaz de humillar a los poderosos y enternecer a los débiles, eterno amante, procaz hasta la grosería, tópicamente español, ciudadano de ninguna parte, generoso, tierno y violento, vital hasta la desesperación, era el retrato exacto del pintor que CJC hubiera deseado ser de haberle llamado el destino por tal sendero. Camilo José Cela y Picasso no se vieron personalmente hasta muy tarde y, de hecho, estuvieron juntos muy pocas veces. Pero se querían de veras. Bastó un primer contacto para que se disolviera la mayor amenaza de todas: la de dos genios compitiendo por un único territorio. Pudieron convertirse en enemigos feroces; al fin y al cabo ambos eran demasiado parecidos para llevarse bien. Pero los dos asumieron sus respectivos papeles con cierta facilidad. Puede que la clave de su abierta amistad apareciese en el pulso que se sostuvo entre uno y otro la primera vez que CJC se acercó, sin cita previa, a La Californie, la casa de Picasso en Cannes, insistiendo en ver al pintor. Los criados le dieron con la puerta en las narices pero un jovencito alto y espigado que estaba lavando un coche y resultó ser David Douglas Duncan, el fotógrafo oficial de Picasso, hizo de valedor y le llevó ante el genio.

Picasso sabía muy bien quién era Cela y se apresuró a invitarle a comer. Se trataba probablemente de la prueba decisiva, con ambos contemplándose y valorándose de lejos. Jacqueline sirvió una fuente de patatas, pero CJC se negó a comer. Jacqueline se extrañó. Pese a que hablaba un castellano perfecto, sin apenas acento alguno, utilizó su francés.

—N'aimez-vous pas les pommes de terre?

—Claro que me gustan. Pero yo no como si no me las da Pablito a la boca.

Hay una foto histórica de Picasso dando de comer a CJC a la boca con una bandeja llena de patatas en la mano. El pintor se ríe de veras; nadie, hasta entonces, le había pedido algo semejante. Pero el viejo y desconfiado zorro todavía hizo una prueba más. Acabadas las patatas y el resto de la comida le dijo al escritor:

—Yo me voy a dormir la siesta. Si te aburres, echa un vistazo a esa carpeta y quédate con lo que quieras.

La carpeta estaba llena de dibujos de Picasso, casi todos ellos firmados. Pero CJC no cayó en la trampa. Picasso, al levantarse de la siesta, le dijo enseguida:

—¿Qué pasa? ¿No te ha gustado ninguno?

Los dos se miraron por un instante, midiendo cada uno en los ojos del otro hasta qué punto se había entendido el juego. Ambos sabían que si CJC hubiera cogido cualquier dibujo, el que fuese, habría terminado en ese mismo momento su visita.

Picasso tenía casi ochenta años cuando CJC se

acercó a La Californie, pero ése es un dato que sirve de muy poco al hablar del pintor. Los proyectos de Camilo José Cela le interesaron como si todavía fuera el adolescente travieso que se acercó a París a comerse el mundo. CJC contó a los Picasso, muy entusiasmado, que *Papeles de Son Armadans* iba a sacar un número especial dedicado a Pablo. Al pintor le hizo mucha ilusión que una revista literaria de su país natal, tan reacio en aquella época a la hora de mostrarle su respeto, le brindase un homenaje semejante.

En la amistad entre Picasso y CJC jugó un papel de peso la última mujer del pintor. Para Jacqueline era una novedad encontrarse con un español que no había conocido a ninguna de las anteriores mujeres de Picasso, y se encontraba muy a gusto en su compañía. Incluso acompañó al escritor hasta el aeropuerto de Cannes a la hora de volver a Mallorca. Jacqueline adoraba a Picasso y no estaba dispuesta a compartirlo con nadie, salvo con hombres como CJC. Las últimas palabras de Picasso aquella tarde, cuando Camilo José Cela ya se despedía, dan quizá la clave del trágico final de Jacqueline tras la muerte de Pablo. «Nada puede hacerse sin amor; sin amor no puedes dar ni un solo paso.»

La *Gavilla de fábulas sin amor*

Mi padre volvió a la casa de Picasso otras veces, acompañado de amigos como Cesáreo Rodríguez Aguilera, Tomeu Buadas y Jaume Pla. En el mes de junio de mil novecientos sesenta, con ocasión de su segundo viaje a La Californie, Camilo José Cela se presentó con los pliegos del número extraordinario de *Papeles* dedicado a Picasso bajo el brazo. Le acompañaba Anthony

Kerrigan, quien publicó al mes siguiente una hermosa crónica de la visita en la misma revista. Mi padre, cargado de razón, pretendió que yo fuese también a ver a Picasso pero, cuando se tienen catorce años, la escala de los valores está algo alterada y preferí quedarme en Palma tomando el sol. Mi padre, siempre respetuoso con mis opiniones por idiotas que éstas fueran, no insistió. Y así fue como me quedé sin conocer al mayor genio de la pintura de nuestro siglo; todavía lo lamento porque, además, nunca me gustó gran cosa ir a la playa.

Al ver el número de *Papeles* que se le había dedicado, el pintor quiso hacer un dibujo diferente en cada uno de los ejemplares destinados a los colaboradores en el homenaje. La Californie enmudeció mientras de sus lápices salían mágicas líneas de colores que se iban convirtiendo en árboles, flores, pájaros y trasgos. A medida que avanzaba el trabajo, mi padre se animó a hablar a Picasso de un proyecto que le rondaba ya por la cabeza. Si el pintor estaba de acuerdo, el próximo libro de Camilo José Cela sería una historia alrededor de esos dibujos que nacían en las páginas de *Papeles*. Pero Picasso no estuvo de acuerdo.

—Mejor al revés. Yo haré un poema, y tú lo ilustras.

Pablo Picasso tenía un montón de cuadernos en los que había escrito todo tipo de poemas. Comenzó a leerlos en voz alta, con su voz ronca y su acento entre malagueño y catalán en el que se colaba, de vez en vez, un cierto aire del Midi. Durante toda una hora el aire de La Californie se llenó de un agrio sabor de nostalgia.

Camilo José Cela copió de su puño y letra un curioso y bellísimo párrafo de los que había leído el pintor y hasta se atrevió y todo a dibujar las viñetas para los versos de Pablo Picasso. Así nació *Trozo de piel*, el primer poema de Picasso que se publicaría en lengua esñola. De *Trozo de piel* se hizo también otra segunda edición ilustrada en la que Jacqueline, y no CJC, se encargó de dibujar una flor para el poema de Pablo*.

No tardó mucho tiempo Picasso en dar su visto bueno al proyecto de un libro que reuniese sus dibujos de *Papeles* y textos de Camilo José Cela; ¡era urgente darle un nombre! Como iba a tratarse de una gavilla de cuentos, la primera parte estaba ya resuelta. Quedaba el resto, pero pronto surgió un título feliz: *Gavilla de fábulas sin amor,* por lo desgarrado de los dibujos y lo tremendo de las palabras. CJC quiso estar a la altura de los trazos torturados y sencillos a la vez de las ilustraciones, y compuso unos cuentos netamente celianos que si no se han divulgado mucho debe ser por el carácter de libro de lujo de la edición.

La *Gavilla de fábulas sin amor* incluyó no solamente todos los dibujos que hizo Picasso para su número extraordinario de *Papeles*; figura en ella, además, una punta seca que el pintor le prometió a CJC como especial homenaje al libro de ambos. Como era de esperar, CJC no quiso dejar ningún cabo suelto y volvió a casa de los Picasso, acompañado de Jaume Pla, a cuidar los detalles del grabado y de la edición en general. La punta seca corrió cierto peligro porque Picasso, aprovechando un descuido, la grabó sobre un trozo de canalón de cinc en vez de usar las exquisitas planchas de cobre, expresamente tratadas, que le habían llevado y había perdido. La habilidad artesanal de Jaume Pla pudo salvar más tarde, no sin apuros, la situación.

Pero la *Gavilla* debía pasar aún por una inesperada prueba; quedaba pendiente un aspecto en el que nadie había acertado a pensar. Un libro compuesto al alimón

---

* La primera edición la publicó Angel Caffarena en Málaga; la segunda, CJC en Palma de Mallorca.

por dos personajes tan notoriamente iconoclastas como Picasso y Camilo José Cela no era algo que la censura estuviese dispuesta a dejar salir adelante sin pronunciar su última y desagradable palabra.

No es fácil que algún lector actual de la *Gavilla de fábulas sin amor* entienda cuáles podían ser los pleitos del libro con la censura. Hay que ponerse en la España de los primeros años sesenta para comprender el tamaño del escándalo y el alcance de la provocación. El ministro encargado de la censura en aquella época, Gabriel Arias Salgado, era un personaje que creía no solamente en la existencia del Diablo sino también en su capacidad de tomar cuerpo mortal en la persona de notorios escritores y artistas. Arias Salgado fue probablemente uno de los ministros más consecuentes del franquismo: se veía personalmente obligado a lograr la salvación de las almas de todos los españoles, así que no iba a cometer la torpeza de comprometer su causa aprobando un libro semejante.

Porque la *Gavilla* era algo que caía fuera de lo tolerable para la administración del general Franco. El texto se consideraba blasfemo; de los autores, ¿qué cabe añadir? Picasso era considerado como la bestia negra del régimen: ateo, comunista, librepensador, posible masón y, lo que es peor de todo, célebre. Los particulares apuros de CJC con la censura con motivo de *La familia de Pascual Duarte* y *La colmena* ya se han narrado; más pintoresco todavía fue el episodio de *El Gallego y su cuadrilla,* obra publicada en el año mil novecientos cincuenta y uno. Se trataba de una colección de «apuntes carpetovetónicos», de cuentos escritos en los veranos de Cebreros, que tomaba el nombre de uno de ellos. Hubiera podido llamarse «La romería», «El café de la Luisita» o «Pregón de feria», pero CJC le puso el nombre del cuento en el que narra la trágica novillada de un torero, el Gallego, que hace su faena en camiseta en un pueblo de la provincia de Toledo. Una autoridad especialmente sutil vio en el título del libro una clara alusión al general Franco y a su Gobierno, con lo que la denuncia llegó hasta el Consejo de Ministros. Parece ser que Franco le preguntó a su picajoso subordinado si había leído el libro y allí acabó todo, porque resultaba que no, que no había llegado nunca a leerlo.

En cualquier caso, tales precedentes no ayudaban demasiado a que la *Gavilla* pudiera publicarse. Pero CJC no iba a cejar en su empeño así como así. Se fue hasta El Escorial a ver a Saturnino Alvarez Turienzo, un sacerdote y teólogo de gran prestigio, llevándole el libro para que emitiera su capacitada opinión. Fue favorable. Alvarez Turienzo no encontró en él nada que fuera de especial gravedad para la Iglesia católica, ni para la salvación de sus fieles; habida cuenta del año que corría, con el turismo esparciendo sus tentaciones por toda la costa, el padre Alvarez no hizo sino gala de una profunda sensatez.

Con el *nihil obstat* de un hombre de la Iglesia como Alvarez Turienzo, la censura, aunque a regañadientes, no tuvo más remedio que dejar pasar el libro. Era el mes de febrero de mil novecientos sesenta y dos, y Camilo José Cela escribía, en un tono algo hiperbólico, a Jacqueline Picasso:

> *Acabo de regresar de Madrid, donde luché heroicamente para librar mi texto de las garras de la censura. Aunque la lidia no fue fácil, al final pude salirme con la mía y salvar mis páginas sin una sola tachadura. Una etapa más.*

Pero su optimismo no estaba en modo alguno justificado. Una vez impreso el libro, el ministro Arias Salgado montó en cólera. Se confirmaban sobradamente

todos los malos augurios, todas las sospechas. Los textos eran blasfemos, dijeran lo que dijesen los teólogos.
Y había que añadir los dibujos, claramente pornográficos en la opinión de tan notable autoridad en materia de escándalos. Así que se cernió sobre el libro la
orden de prohibición y la amenaza del secuestro. El ciclo de conferencias con el que CJC pensaba presentar
su *Gavilla* en Madrid pudo realizarse, pero a la prensa
se le ordenó silenciarlo. Probablemente no toda la culpa
era del libro; algunos de los más notorios intelectuales
españoles acababan de hacer público por aquellas fechas un manifiesto en el que se pedía la desaparición
de la censura y la puesta en marcha de ciertas libertades. El episodio terminó con la deportación de los más
notorios; a CJC, que también había firmado el escrito,
no se le mandó a las islas Canarias (al fin y al cabo ya
estaba en las Baleares), pero se le atacó por su lado más
débil: el del libro recién aparecido.

Aun así, la buena suerte de los osados y los tenaces
se iba a poner, una vez más, del lado de mi padre. Unos
meses más tarde, en el verano del año del Señor de mil
novecientos sesenta y dos, el general Franco daba paso
a una remodelación de su gabinete que estaba destinada a pasar a la historia. Dentro de esa maniobra de
puesta al día, la cartera de Información se dejaba en
manos de un joven y prometedor político gallego, desconocido hasta el momento, que se llamaba Manuel
Fraga Iribarne. Una de las primeras iniciativas de Fraga
fue la de levantar el veto que pesaba sobre las novelas
de Camilo José Cela; *La colmena* pudo, por fin, recuperar su pie de imprenta genuino. Y la *Gavilla de fábulas
sin amor* tuvo una nueva oportunidad. El día primero
de octubre de ese mismo año, mil novecientos sesenta
y dos, CJC escribía a los Picasso:

Acabo de regresar de Madrid con la satisfacción de ver que la actitud del nuevo Ministro de Información con respecto a Pablo, a mí y a nuestro común libro Gavilla de fábulas sin amor, *es exactamente contraria de la de su antecesor. A raíz del nacimiento del libro —que ya en censura había tenido sus serias dificultades— la ira del anterior Ministro, exacerbada por el hecho de haber firmado yo algunos manifiestos contra la censura, cayó sobre mis flacos lomos con todo su entusiasmo: se prohibió hablar de él, se prohibió dar cuenta de las conferencias e incluso anunciarlas, se me amenazó con la cárcel y con la retirada del libro por la policía, etc. Como veréis, todo un ilusionador programa. Me puse al pairo, ya que para algo soy marinero, y esperé a que el temporal amainase. La estúpida actitud del anterior Ministro me colocó al borde de la ruina y de la desmoralización, y preferí no deciros nada —o casi nada— hasta que las aguas volvieran a sus cauces. Esto es lo que ahora ha ocurrido. El nuevo Ministro me llamó, me hizo muy cumplidos elogios de la edición, se declaró picassiano y celiano y me dijo, claramente, que el libro no sólo podía circular con entera libertad sino que se sentía orgulloso de que se hubiera realizado en España.*

La llegada de Fraga al poder supuso la desaparición de la consulta previa obligatoria y la promulgación de una novedosa Ley de Prensa. Para CJC fue, sin duda, un paso decisivo hacia una situación relativamente normal. Dejó de ser considerado como el enemigo número uno del régimen de entre todos los escritores que permanecían en España. Todavía tuvo sus problemas con los censores, pero se le permitió al menos defender sus puntos de vista. A partir de ese momento, nada iba a ser igual.

CAPÍTULO 6

JOSE VILLALONGA 87

¿Cuánto sitio necesita un escritor?

La revista *Papeles de Son Armadans* no permaneció mucho tiempo en el barrio que le prestaba su nombre. La casa de Bosque 1, con sus elegantes salones y su terraza orientada hacia las pistas del club de tenis, no tenía ningún cuarto alejado y tranquilo, ningún rincón oculto donde Camilo José Cela pudiera encerrarse para escribir sus libros. Durante todo el año en que el dinero de *La catira* había servido para financiar una (teórica) vida de asueto, el chalé fue una solución espléndida; una vez recuperada la rutina de trabajo se imponía encontrar una casa más útil o, si se prefiere, más normal.

La utilidad, si es que debe medirse en los términos domésticos de Camilo José Cela, pasa sobre todo por el sitio disponible. Cuanto más, mejor. CJC comparte una característica común con los gases nobles: se expande hasta ocupar todo el espacio libre que queda a su alrededor. Como el bostezo de un cráter que despierta volcándose en un alarde de fuego y cenizas, su huella crece, se desparrama y extiende hasta llenar de libros, de cuadros, de papeles y de carpetas las mesas, las cómodas, los estantes, los armarios, las alacenas, las despensas y los altillos de todas las habitaciones que caen bajo ese ávido afán. Luego, cuando ya no cabe nada más, las cajas repletas se van acumulando en el suelo, una encima de otra. El orden de ocupación sigue un ritual perfectamente establecido: CJC comienza siempre por su despacho; pasa luego al comedor y al cuarto de estar; sigue más tarde por el vestíbulo, para ocupar enseguida el dormitorio. A partir de ese momento se imponen las servidumbres de la casa; quizás opte, si es que se da el caso, por colonizar el cuarto de invitados, virgen hasta el momento. De no existir, o si ha sido ya agotado, el empuje llega hasta los aledaños de la cocina: los folios, las revistas y los grabados inundan ahora ese aseo de más, o la habitación que hace de despensa, o el cuarto para el servicio que, tal como están las cosas, ha perdido su función. Cuando la onda expansiva alcanza el baño es hora de buscar una nueva casa, pese a que, tiempo atrás, hasta los cuartos de baño tenían lugar suficiente para poner en ellos algún que otro cajón. Hasta el momento mi padre no ha metido sus libros en la perrera, ni en la caseta de los contadores del agua, ni en el aljibe que guarda el agua de la lluvia para cuando viene el verano. Pero los cuartos trasteros del garaje, por supuesto, rebosan con los volúmenes de alguna que otra estantería aún por clasificar.

Ese vértigo colonizador no puede tenerse por un capricho, porque en el oficio literario de Camilo José Cela hay una relación directa entre el espacio físico y la creatividad. Mi padre escribe siempre de idéntica forma, como ya se ha advertido en estas páginas: a mano, sobre cuartillas en blanco y mojando la pluma en el tintero. Pero si la técnica permanece invariable, es muy raro que el lugar siga siendo el mismo de un libro a otro. Los ejercicios de erudipausia, los artículos y los cuentos pueden hacerse en cualquier rincón, pero las obras importantes imponen su ley: cada novela exige un ritual bien preciso que comienza, una vez resuelto el necesario trámite del nombre que ha de llevar, por hacerse con el hueco indicado para escribirla. No se trata tan sólo de un tipo de mesa en especial; el paisaje también cuenta. O su ausencia. Para escribir *Oficio de tinieblas* mi padre se hizo construir un biombo inmenso de tres hojas, cubierto de tela negra, que una vez desplegado le envolvía por todas partes. *Oficio de tinieblas* exigía una soledad majestuosa para que CJC pudiera componer el monólogo obsesivo que pretendía sacar del interior de su propia conciencia. El mundo exterior, en ese caso, sobraba.

Otras veces Camilo José Cela busca, por el contrario, un panorama abierto sobre la tumultuosa monotonía de la mar, o frente al telón de fondo de los edificios que dibujan la silueta de la ciudad allá a lo lejos. Pero también se coloca con cierta frecuencia de espaldas a la ventana, expuesto a la relativa calma de las estanterías repletas de libros. Y hay ocasiones en que la búsqueda del lugar oportuno obedece a motivos más prosaicos, a razones de una trascendencia estética mucho menor. El poema sinfónico *María Sabina,* por ejemplo, lo escribió Camilo José Cela de pie, apoyado sobre el atril de una columna de su casa de La Bonanova; el divieso heredado del navajazo que recibió en Casablanca en sus años mozos, de una ebullición recurrente, convertía en un suplicio el mero hecho de sentarse.

Una vez acabada la obra, sea cual fuere, el lugar sufre la invasión ordenada y continua (sin prisa pero sin pausa, como dijo el poeta) de los trastos que va rezumando el escritor como rastro inconfundible de su presencia. Se amontonan las cuartillas, con algún que otro apunte hace tiempo olvidado; las cajas de metal en las que CJC guarda unos cuantos sellos sin el menor valor; el fajo de estampas religiosas atado con una goma de color verde desvaído; la pila de libros dedicados por sus autores, con más fe que esperanza, al académico; las disparatadas esquelas que recortan y le envían los amigos; un par de diccionarios de ciertos oficios difíciles de imaginar; un orinal, decorado con un ojo en el fondo, que sirve a su vez de recipiente para un montón de cajas de cerillas y muestras de champú de veinte hoteles distintos; dos o tres diplomas que certifican glorias insospechadas; un catalejo que apunta, entre los árboles, hacia la mar. La lista describe, con bastante fidelidad, el maremágnum de uno de los despachos de CJC en su casa actual de La Bonanova, pero serviría bien como retrato de cualquiera de sus refugios de antaño.

La nostalgia geométrica del azar

Quien piense que una tal selva equivale a desorden, se equivoca. Muy al contrario. Camilo José Cela tiene una verdadera pasión por el orden: todo lo guarda, lo apunta y lo clasifica. Lo que sucede es que sus criterios acerca del orden físico no coinciden con los de los demás mortales. Cuando le da la vena filosófica, CJC suele referirse a la nostalgia geométrica del azar como elemento crucial que dirige el acontecer del mundo. Luego nunca dice en qué consiste tan sonoro concepto, así que no pueden darse mayores explicaciones sobre su alcance, pero cabe imaginar que jugará un cierto papel en la lucha que tiene lugar entre el caos y el cosmos dentro de la cabeza del escritor. La nostalgia geométrica del azar goza de sus propias reglas y, entre ellas, debe figurar algún tipo de mecanismo intuitivo, de mapa oculto que le permite a CJC bucear por sus papeles yendo de inmediato, y sin excesivos rodeos, hacia lo que ha menester. Cualquier otra persona se perdería en ese laberinto que, para mi padre, significa paz, armonía y orden. De ahí el que no se permita a nadie, salvo a Charo o a alguna que otra secretaria de mucha confianza, mover o limpiar nada de lo que descansa sobre la mesa de trabajo de CJC. El escritor recuerda demasiado bien el primer (y último) intento de meter en sus cosas un orden ajeno. Una asistenta cargada de buenas intenciones, cuando la familia vivía aún en Madrid, colocó los libros desperdigados por todo el cuarto en los estantes vacíos según un criterio que a ella le parecía de una lógica irrefutable: de acuerdo con su tamaño. La librería quedó que daba gusto verla, con los volúmenes ordenados de mayor a menor, pero la buena mujer se sorprendió muchísimo al ver que CJC, de vuelta a casa, se quejaba amargamente de que jamás llegaría a encontrar nada en medio de tal barullo.

Esa cadencia que Camilo José Cela impone a los cuartos, los pasillos y los rincones, hundiéndolos cada vez más en un agobio casi tropical, se repite una vez y otra hasta que se alcanza el nivel crítico. Mientras quede un hueco en la casa por descubrir, el problema es de menor cuantía. Pero siempre llega el momento en el que las necesidades de espacio exigen el traslado.

Así abandonamos la casa de Bosque 1. Pero las mudanzas de CJC, dada la proliferación creciente de armas y bagajes, son cada vez más complejas. De Bosque 1, en Son Armadans, a José Villalonga 87, en El Terreno, no hay un gran trecho; el trayecto, sin embargo, tuvo sus más y sus menos si tenemos en cuenta que a lo ya censado había que añadir la expedición en sí misma: toda la familia, enriquecida con la presencia de dos perros bóxer, y la redacción entera de la revista, de los *Papeles de Son Armadans,* con almacén y archivos incluidos. Fue una expedición digna de las cruzadas en busca del Santo Grial. Y sentí mucho que, pese a mis numerosas y airadas protestas, apenas se me dejase colaborar.

José Villalonga 87

En José Villalonga 87 se alzaba (y se alza todavía) un caserón enorme y destartalado, de altos techos y estilo vagamente mallorquín, compuesto por semisótano, dos plantas y azotea. Parte de la casa estaba ya ocupada; nosotros nos fuimos distribuyendo como pudimos por el resto. La familia arriba, en el piso más alto; la redacción de *Papeles* abajo, en el semisótano, cuyas ventanas quedaban a la altura de la acera; los perros, en el jardín. Porque el contrato de alquiler incluía también un jardín separado de la casa al que se accedía sin más que salir a la calle, abrir un portal semejante al de una vivienda situado en la acera, donde acababa el edificio, y cruzar un largo pasillo lleno de cucarachas y telarañas. Todo el que se atreviera a emprender el viaje acababa encontrando un pequeño trozo de tierra ocupado casi en su mayoría por una soberbia palmera, un lavadero en ruinas y más tarde, cuando a Camilo José Cela le entraron las ansias ganaderas, un corral con media docena de pavos. Huelga decir que, salvo a la hora de dar de comer a los perros y los pavos, era yo el único que se aventuraba por el jardín en busca de dátiles, arañas, salamanquesas y demás tesoros que la estupidez de los adultos les impedía apreciar.

La redacción de *Papeles de Son Armadans* ocupaba solamente la mitad del sótano, pero su presencia se hacía notar enseguida. El pintor Fornés hizo un gran fresco en la pared del rellano de la escalera para alegrar un poco la nueva y más bien oscura sede de la revista, componiéndolo a la manera de la Capilla Sixtina: techo y paredes decorados con escenas a las que se incorporaron personajes sacados de la realidad. A falta de pontífices y cardenales, en él quedaron inmortalizados los dos perros de CJC, Pichi y Chispa, pero esa canina gloria no duró mucho tiempo. Nada más irnos de la casa de José Villalonga 87, se dio una mano de cal al descansillo y ahí se acabaron las huellas de *Papeles*. Puede que al dueño del caserón le gustasen más los gatos, o que le tuviera rabia a Fornés.

Al otro lado del sótano vivía la familia de un maestro republicano, el señor Martínez, al que las represalias de la Guerra Civil habían hecho perder la carrera; se ganaba la vida trabajando en uno de los barcos correo que iban a Barcelona. Su hijo Juanito, algo mayor que yo, era un pozo de ciencia, pero a pesar de ello me dejaba a veces jugar con él. En la primera planta de la casa, emparedados entre los *Papeles de Son Armadans* y nuestro piso, estaban los Dodero, Fernando e Isidora y sus hijos. Fernando Dodero era un juez muy amigo de mis padres que, gracias a su larga experiencia profesional, era capaz de poner el más hierático rostro de servidor de la justicia cuando el vecino de arriba (es decir, yo) hacía los experimentos propios de su edad: fabricar pólvora, dejar erizos y estrellas de mar al sol para que los vaciasen las hormigas, disparar perdigones a las pinzas de tender la ropa de la terraza de los vecinos, llevar un funicular desde la ventana del cuarto al lejano jardín, por encima de sus balcones... El que los Dodero y mis padres no riñesen es algo que debe atribuirse a los misteriosos designios del destino y al hecho de que las quejas acabaran siempre en María, nuestra cocinera, de la que luego habrá que hablar. A María, que era analfabeta, los magistrados no le impresionaban ni lo más mínimo y, gracias a sus mañas, me libré de una buena muy a menudo. La peor ocasión de todas fue cuando me dio por comprobar la potencia de unos petardos de feria (muy eficaces, por cierto) tirándoselos a los pies al juez, una tarde, cuando volvía a casa con ánimo de descansar.

Mabel Dodero, hija de Fernando y Dorita, fue la secretaria de mi padre durante largos y provechosos años. Me llama todavía «Camilito», y es lógico. La venganza es un plato que gana mucho cuando se deja enfriar.

Limpia, fija y da esplendor

Mientras vivíamos en José Villalonga 87 tuvo lugar el otro acontecimiento de importancia que hemos dejado de lado al entrar tempranamente en las conversaciones de los poetas de Formentor. Fue en esa casa del barrio de El Terreno donde mi padre se convirtió en un inmortal en el sentido estricto de la palabra. Camilo José Cela fue elegido miembro de la Real Academia por antonomasia, la de la lengua española, el día veintiuno de febrero de mil novecientos cincuenta y siete. El escritor tenía entonces cuarenta años de edad.

¿CJC en la Academia? ¿Qué es eso? ¿Un escándalo más en su carrera de *épateur de bourgeois?* ¿Una provocación?

Camilo José Cela ha sido a lo largo de su vida alguien dispuesto a romper con todas las tradiciones.

Hasta con aquellas que forman parte de su carrera como autor. Cada vez que, en una novela, ha dado con una fórmula que parecía infalible, se ha apresurado a buscar por otro lado. El tremendismo murió con *La familia de Pascual Duarte,* y si la técnica del *collage* propia de *La colmena* apareció de nuevo más tarde, lo hizo mediando sorpresas como la de *Oficio de tinieblas* y *Cristo versus Arizona.* Pocos hablan ya de las novelas «clásicas» (es decir, hechas a la manera clásica) de CJC, pero las hay: *Pabellón de reposo* es una buena referencia. Pues bien, muy cerca de ella en el tiempo está *Mrs. Caldwell habla con su hijo,* que ni siquiera parece de Cela.

Si esa obsesión por derribar las fórmulas establecidas la unimos a la imagen que CJC ha ido construyendo de su propia persona nos saldrá, desde luego, todo lo contrario a un aspirante a la Academia. Pero no hay que confundirse. Mi padre es, en cierto sentido, el escritor más académico de toda la literatura española contemporánea. Porque ya en los remotos años de su más tierna juventud el CJC iconoclasta y tremendo se había convertido en un clásico precoz.

Desde que se publicó *La familia de Pascual Duarte,* es decir, desde el primer momento en que saltó a la fama como novelista, Camilo José Cela estaba predestinado a formar parte de la Real Academia Española, del grupo de inmortales que, al menos en teoría, se ocupan de limpiar, fijar y pulir la lengua castellana. Pocas veces ha surgido en la historia de la literatura española un fenómeno parecido, pero si trascendemos los límites de nuestras fronteras es más fácil hallar similitudes. T.S. Eliot se sabía ya un clásico al componer su *Rhapsody on a Windy Night.* Lawrence Durrell miraba decidido hacia la historia mientras escribía *The Black Book* en su exilio de Corfú. García Márquez no tuvo que salir de Macondo para conquistar Europa. Se trata de unos hechos excepcionales, pero el paso de los años, con la rutina de encontrar una vez y otra la marca del genio, convierte en algo lógico lo que, en un principio, parecería sorprendente. Cualquier lector que abra ahora las páginas de la primera novela de CJC hallará en ellas la misma mano maestra que se adivina luego en *La colmena,* en *San Camilo, 1936* o en *Mazurca para dos muertos.* Nadie se detiene a pensar que esa inicial y durísima obra la escribió un muchachito apenas salido de la adolescencia.

Fue *Pascual Duarte* la novela que comenzó a llevar a Camilo José Cela a la Academia de la Lengua. Pero *Judíos, moros y cristianos* es el libro que acabó por meterlo en el caserón de la calle de Felipe IV. CJC lo sabe, y así lo ha reconocido en el prólogo de la edición definitiva de ese libro de viajes. Lo que allí no dice es de dónde viene tanta seguridad a la hora de afirmarlo. ¿Por qué no intentamos hacernos con alguna pista?

Campaña electoral

Puede servir de cierta ayuda el atento examen de la campaña electoral de CJC en su camino hacia la Academia. El escritor siguió rigurosamente los consejos que le dieron sus amigos más relacionados con la casa, desde Gregorio Marañón hasta Rodríguez Moñino quien, por su pasado republicano, era tan solo académico correspondiente. La tradición quería que todo aspirante a un sillón de inmortal hiciera llegar a los miembros de la Academia o, por lo menos, a quienes podían ser más proclives a la hora de apoyar su candidatura, una sutil y cortés indicación de sus intenciones. CJC, en un gesto típico suyo, incluyó como adictos a su causa a todos los académicos, sin excepción, poniendo en la nómina de los celianos hasta al obispo de Madrid-Alcalá y patriarca de las Indias Occidentales, Leopoldo Eijo-Garay, cuyo amor por la desgarrada literatura de mi padre no podía ser, desde luego, muy fervoroso.

El comienzo de la campaña se puede fechar fácilmente. Al salir elegido como académico Joaquín Calvo Sotelo, en el mes de agosto de mil novecientos cincuenta y seis, Pemán advirtió a mi padre que se había oído el nombre de Cela en la casa. Otro buen amigo de mi padre, Julio Caro Baroja, años más tarde, le dio una versión más completa de lo allí sucedido. A la vacante de la plaza que acabó por ocupar Calvo Sotelo se presentaban también Foxá, Claudio de la Torre y Zunzunegui. De la Torre buscó el apoyo del viejo, ceñudo y muy influyente maestro Pío Baroja y éste hizo llegar a su sobrino Julio un apunte sobre lo que pensaba don Pío de tales candidaturas. La nota de Baroja era parca, apenas un memorándum, pero terminante: «Si se presentase Cela, le votaría a él. Yo no salgo de casa.»

Camilo José Cela, animado por las noticias, dio el primer paso. Desde la librería Abril de Madrid envió a cada uno de los académicos un ejemplar dedicado de su *Judíos, moros y cristianos*. Con los agradecimientos fueron llegando las diferentes posturas de los inmortales sobre CJC. Algunos, como Marañón o Vicente Aleixandre, animaban a mi padre y daban por hecha su próxima elección. Otros, como Emilio García Gómez, eran más crípticos. Sea como fuere, la respuesta debió parecer suficientemente clara a CJC quien, después de varias conferencias telefónicas con Madrid, escribió a todos los académicos con los que no había hablado personalmente para anunciarles, tan fina como elípticamente, su candidatura. «Me llega el rumor, con ciertos visos de fundamento», decía, «de que un grupo de amigos de la Academia va a presentar mi candidatura...»

Puede que haya quien considere con cierto escepticismo la eficacia de tanto encaje de bolillos cuando en la Academia, como en cualquier otra institución que se precie, se vota al cabo por filias y fobias. Pero la verdad es que en la santa casa, al menos en el año cincuenta y seis, era costumbre cogérsela con un delicadísimo papel de fumar. Por mucho que los amigos de CJC contestasen con toda franqueza, concediendo algunos su inmediato voto y asegurándolo para más adelante los que lo tenían ya comprometido para la vacante de aquella ocasión, hubo lugar también para las pequeñas miserias. Las intrigas y los complots de la Corte son tentaciones a las que no es nada fácil renunciar.

Pronto comenzaron, pues, los rumores y los ataques personales. Por los círculos próximos a la Academia se empezó correr la voz de que Camilo José Cela era homosexual y toxicómano, y que había abandonado a Charo dejándola en la más negra miseria. Por desgracia mi madre estaba en aquellos días internada en un hospital de Palma de Mallorca, con una peritonitis que casi se la lleva al otro mundo, y no pudo apreciar la broma en todo su alcance. Pero las difamaciones tuvieron éxito; al fin y al cabo CJC cultivaba una imagen personal en la que cabían perfectamente todas esas acusaciones salvo, quizá, la de marica (sus múltiples aventuras amorosas eran de lo más corriente). Hasta Dámaso Alonso, uno de los valedores de la candidatura de Camilo José Cela, se asustó y le escribió una carta que ahora resulta muy divertida, predicándole mesura y quejándose de que «tu barba tal vez nos enajene alguna voluntad académica». Quizá conviniese aclarar

que las barbas floridas, en una época en la que prolife-
raban los bigotitos recortados dentro del más puro estilo fascista, eran una rara y sospechosa excepción.

La respuesta de CJC siguió los más estrictos cánones de la flema británica heredada por parte de madre, pero añadiendo algún que otro toque personal. «No
pienso afeitarme», anotaba de su puño y letra en la carta
que envió, pulcramente mecanografiada, a Dámaso. Era
una referencia que iba mucho más allá de la mera anécdota de la barba; CJC aceptaba la guerra, pero en su
propio campo de batalla. Así, a la vez que hacía caso
omiso de las habladurías y las calumnias, Camilo José
Cela iba diseñando las estrategias de acercamiento a
los académicos de voto más dudoso. Desde la distancia
de Mallorca el escritor se sumergía en un absoluto silencio tan solo interrumpido por la continua correspondencia, mientras los amigos, con Pepito García Nieto
al frente, desempeñaban en Madrid el papel múltiple
y difícil de embajadores, visires, espías y cuerpo de guardia, todo a la vez y sin el menor desmayo.

La votación

Quedaría bien decir que Camilo José Cela consiguió ser académico después de una reñida elección y
gracias al apoyo heroico de sus amigos, pero no es así.
CJC supo esperar el momento oportuno y convertir su
camino hacia el sillón Q de la Academia en un paseo
triunfal. Si hay algo de lo que carece absolutamente CJC
es del enfermizo y peligroso vicio de las prisas. Ningún árabe supo jamás esperar con tanta paciencia a que
el cortejo fúnebre de sus enemigos pasase por delante
de su cómodo sillón; nadie, tampoco, suele tener la su-

ficiente memoria como para complacerse al cabo de tantos años ante el cadáver del competidor.

La primera gran jugada de CJC en su carrera hacia el sillón de inmortal fue la de retirarse. A finales del mes de octubre de ese mismo año de mil novecientos cincuenta y seis, mientras mi madre, bastante tocada del ala, seguía en la clínica, Vicente Aleixandre, Rafael Lapesa y Joaquín Calvo Sotelo presentaron la candidatura de Camilo José Cela para la Academia. Pero las muertes del almirante Estrada y de Pío Baroja hicieron aparecer, con un lapso de menos de dos semanas, dos nuevos sillones libres y se complicó no poco el panorama electoral. Tantas vacantes situaban en el alero del azar todos los pactos y multiplicaban hasta el infinito las posibilidades electorales. Después de comer en casa de Marañón con Juan Belmonte, Sebastián Miranda y José María de Cossío, mi padre se convenció de que era mejor retirar su candidatura, no quemar sus posibilidades en una lucha de impredecibles consecuencias y dejar libre el camino hacia la Academia de Agustín de Foxá.

No tuvo que pasar mucho tiempo hasta que Marañón le animase a probar de nuevo fortuna, como posible sucesor del almirante Estrada. A mi padre le hubiera hecho mucho más gracia ocupar el sillón de Pío Baroja, pero sus veleidades románticas no llegaban a tanto. De nuevo fueron Marañón, Aleixandre y Calvo Sotelo los firmantes de su candidatura, única, esta vez, en presentarse. La mayoría de los académicos se apresuraron a felicitarle de antemano augurando que sería elegido «por aclamación».

El día de la votación, a las nueve de la noche, Joaquín Calvo Sotelo llamó a mi padre, que estaba en el hotel Arycasa de Barcelona, para comunicarle el resultado. De los veinticinco académicos que votaron (dos de ellos por correo), veintiuno escribieron el nombre de Camilo José Cela en la papeleta; cuatro la dejaron en blanco. CJC conserva todavía una cuartilla en la que figuran los nombres de todos los asistentes y, al lado, su probable voto. Veintiún síes y cuatro interrogaciones demuestran que el sentido científico del escritor se manifiesta incluso a la hora de especular, concediendo a los posibles boicoteadores el beneficio de la duda. Pero CJC, siempre que le ha sido posible, ha presidido el entierro de los que llevan un interrogante en la lista. Por lo que pudiera ser.

Un elefante en la cacharrería

Camilo José Cela elegido académico fue una noticia que dio pronto la vuelta al país y saltó hasta las Américas, seguida de comentarios y opiniones para todos los gustos. Aunque, por lo general, se aplaudía la incorporación de CJC a la santa casa, había quien le sacaba algo más de punta al tema aprovechando la circunstancia un tanto insólita de que una candidatura única obtuviese cuatro votos en blanco. *Noticias Gráficas,* de Buenos Aires, explicaba a sus lectores que las reticencias académicas se debían a las numerosas declaraciones del candidato advirtiendo que jamás había plantado un árbol, ni escrito texto alguno ensalzando la edificante institución del ahorro. Tenía razón; ésa era la imagen típica de Camilo José Cela: la de un novelista a la greña con todos los valores tenidos por serios, ponderados y tradicionales; la de un descreído y mal hablado amigo de los golfos y los vagabundos; la de un escéptico; la de un triunfador que no se veía en la necesidad de pedirle perdón a nadie por sus éxitos. Un elefante vital en la cacharrería de la calle de Felipe IV. Su barba, como el nombre de las mujeres poco honradas, estaba en boca de todo el mundo, pero era un símbolo al que no estaba dispuesto a renunciar. Con ella en alto se metería CJC en la Academia.

Estaba claro que no iba a hacerlo de cualquier forma. Cierto es que la toma de posesión oficial de Camilo José Cela como académico exigía cumplir con el ritual de leer un discurso de entrada. Pero siendo inevitable la formalidad de ese acto, CJC se cuidó de proporcionarle una puesta en escena adecuada a las esperanzas que el público tenía depositadas en él. Porque no es muy corriente que un miembro electo de la Academia, en el día de su acceso al sillón de inmortal, pose desnudo ante los chicos de la prensa.

Ha corrido mucha tinta y se han extendido demasiados bulos sobre los episodios de aquel domingo veintiséis de mayo de mil novecientos cincuenta y siete. No es cierto que CJC leyera en pelota su discurso; don Ramón Menéndez Pidal, director de la Real Academia Española, no lo hubiera tolerado. Tampoco es verdad que a la hora de comenzar la lectura, como si de una becerrada se tratase, brindara sus cuartillas al ministro de Educación, Jesús Rubio, allí presente y vestido con las mejores galas de su uniforme falangista. El diabólico escritor no cometió en su discurso ningún pecado digno de mención, ni dedicó cortes de manga a la concurrencia, ni se metió el dedo en la nariz. Su comportamiento, dentro de lo que cabe, fue impecable.

Pero el diario *Arriba* publicó un extenso reportaje fotográfico de la jornada de un nuevo académico que comenzaba por el despertar de CJC, metido en la cama, y seguía luego con las imágenes del escritor en la ducha, enjabonándose el sobaco y con las barbas llenas de espuma, que fueron las que dieron lugar al mayor escándalo. Venían después fotos del almuerzo con Charo y los amigos; del cuidadoso ritual de vestirse, poniendo esmero en abotonar bien los gemelos del frac y dejando que Eugenio Suárez le hiciera el nudo de la corbata; del traslado en *haiga* hasta el caserón («a la Academia Española, que me esperan», le dijo al chófer); de la lectura ante un auditorio expectante y fiel; del abrazo de su madre, mi abuela Camila, al nuevo académico de número; y del descanso del guerrero, por último, a la caída de la noche, con un *whisky* en la mano y los pies encima de la mesa. Una ceremonia diferente a todas las que había vivido hasta el momento tan vetusta y remilgada institución.

Asistí a la ceremonia de entrada de mi padre en la Academia sentado en la primera fila, que estaba reservada a los familiares, junto a la mujer de Gregorio Marañón, pero mi testimonio no vale gran cosa para dar fe de lo que allí sucedió. Me encontraba incomodísimo con mi traje nuevo y mi corbata; no entendía ni una sola palabra de lo que mi padre dijo sobre Solana, y muy poco más de lo que aportó Marañón al contestarle. Suponía que mi papel era el de estarme quieto, en una actitud hierática, dejando pasar el tiempo en espera de mejores oportunidades; a él me dediqué, aunque más en cuerpo que en alma. Conté varias veces el número de los barrotes del atril en el que leía mi padre y del estrado de los miembros de la presidencia, de izquierda a derecha y luego al revés. Examiné, con el rabillo del ojo y sin mover la cabeza, a todos los espectadores de las primeras butacas de la sala. Saqué disimuladamente, rascando con el dedo para hacer una bola con ella, la pelusa acumulada en el bolsillo del panta-

lón pero, como el traje era de estreno, había muy poca.
Encontré un chicle, pero no me atreví a metérmelo en
la boca, por aquello del qué dirán. En general mi comportamiento fue muy alabado y dos o tres de los concurrentes, al acabar el acto, me dijeron que no parecía
hijo de mi padre. Creo que en las circunstancias de
aquella tarde madrileña de primavera cabe interpre-
tarlo como todo un elogio.

Dos discursos

La entrada de Camilo José Cela en la Academia fue
un acontecimiento social de primer orden. Tal como
decía en su crónica un periodista encargado de dar fe
de lo allí sucedido, «Una hora antes de comenzar el acto
de recepción, la gente se agolpaba a las puertas de la
docta Casa. Había señores de apariencia venerable, jóvenes, señoras encopetadas, estudiantes de bachillerato,
artistas, muchos fotógrafos y señoritas que más bien
parecía que hubieran acudido hasta allí ante el anuncio de cualquier concierto de moda». En esa lista falta-
ban solamente dos tipos de público: los amigos de CJC,
exultantes, y los poetas malditos, puristas del antiacademicismo, que en Madrid son legión, dispuestos a re-
ventar el acto de llegar el momento oportuno y, para
qué nos vamos a engañar, un tanto mordidos por la más
insana de las envidias.

Parte de ese auditorio estaba más que justificado.
Señores venerables abundan en cualquier sesión de la
Academia. Señoras encopetadas había, en Madrid,
hasta en las conferencias de metafísica de Xavier Zu-
biri. Amigos y enemigos forman un público siempre
fiel. Pero la abundancia de fotógrafos, estudiantes de

En La Californie,
con Pablo y
Jacqueline Picasso
y Tomeu Buadas.

«Qué tío, vaya
mechero, siempre
hubo pobres y
ricos.»

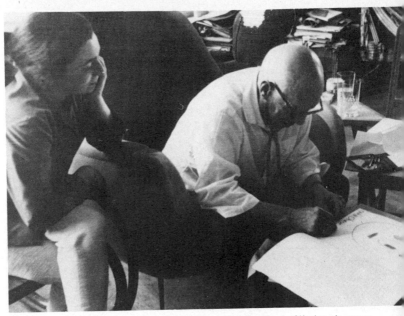

Pablo Picasso dibujando el ejemplar de Charo de *Gavilla de fábulas sin amor*.

CJC conserva esta fotografía con verdadero fervor.

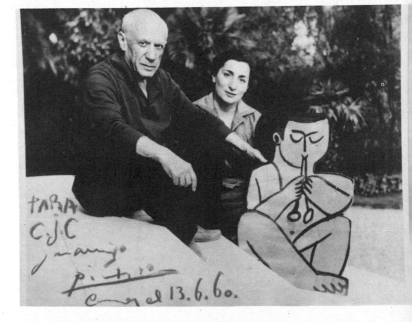

Despacho de CJC en José Villalonga, en un momento de especial orden.

La diferencia de tamaño del despacho de La Bonanova es un buen signo de prosperidad.

CJC escribiendo, por una vez, con bolígrafo. No se alarmen: se trata solamente de una carta informal.

CJC, de joven, dijo siempre que si estaba vivo al llegar a los cincuenta años, se pegaría un tiro. Pero en el año sesenta y seis, al cumplir el medio siglo de edad, mi padre, en vez de suicidarse, dio una fiesta por todo lo alto. Uno cambia de opiniones con la edad. A la fiesta asistieron casi todos sus amigos; entre ellos, Robert Graves.

En Nueva York. La foto se la hizo a CJC su amigo Carles Fonseré, muy emociona
por el detalle de la boina.

En el jardín de La Bonanova. Durante muchos años CJC tuvo siempre perros boxer; luego, según se ve, cambió a Airedale Terrier.

El mural de Picasso en La Bonanova.

Con Pablo Neruda, vestido de Pablo Neruda.

bachillerato y jovencitas casaderas debía atribuirse en exclusiva al hecho de que era CJC, y no cualquier otro inmortal en ciernes, quien leía su discurso. Alrededor de la entrada de Cela en la Academia de la Lengua se habían creado ya unas expectativas capaces de justificar las grandes colas. Camilo José Cela había sido, desde sus primeros éxitos literarios, un escritor capaz de conectar con el romántico anarquista que todos los españoles llevan escondido en un hueco profundo de su corazón. Su desprecio por la cultura oficial o, mejor dicho, por lo que los movimientos de un cuarto de siglo más tarde llamarían *Kultura;* su cuidadísimo desaliño; su barba crecida que tardaría mucho tiempo en extenderse y convertirse en vulgar; su opinión ácida y provocativa; sus pleitos con la censura; su lenguaje entre delicado y barriobajero; su éxito a una edad inusual; todo ello constituía la imagen perfecta del que nada a contracorriente en unos años en los que las aguas del río arrastraban muy sospechosos barros en suspensión.

De ahí que la entrada en la Academia anunciase emociones sin fin. Camilo José Cela era capaz de armar un cristo memorable en cualquier conferencia, o en la sala de fiestas de moda; ¿qué no haría en un acto tan exageradamente formal? Para postre, a su discurso de entrada como académico le contestaba Gregorio Marañón, es decir, el intelectual de corte exactamente opuesto: comedido, serio, educado... Su respuesta podía ser también digna de perpetuo recuerdo.

El acto se esperaba, pues, como una especie de combate de lucha libre en el que el joven descarado y revolucionario invadía el territorio del maduro y noble campeón. Pero, por desgracia, ese imaginado argumento no correspondía ni de lejos al guión que la providencia había compuesto. Mi padre comenzó su discurso con

un párrafo que abría las puertas a la esperanza, asegurando que, a partir de ese momento, cada vez que la
Guardia Civil le pidiera sus papeles en el transcurso
de alguno de sus vagabundajes por España, se limita-
ría a sacar una tarjeta de las de letra de bulto en la que
dijese: Camilo José Cela, de la Real Academia Española. Aunque, como reconocía CJC, «lo más probable
es que, de momento, y por lo que sí o por lo que no,
me detengan».

Pero ese prometedor inicio no llegaba muy lejos. El
estreno del cargo de académico seguía de inmediato,
dentro del mejor estilo de erudipausia de CJC, por los
senderos de un monótono y documentado estudio sobre la obra literaria del pintor Solana.

La concurrencia se animó de nuevo, sin embargo,
al tocarle al padrino el turno de respuesta. Marañón
no podía recurrir a la treta de contestar de una manera semejante, porque las reglas de la casa obligan a
meterse en materia y referirse a los méritos y los peca-
dos del nuevo académico. Pero aun cuando agarró el
toro por los cuernos y repasó con su habilidad e inteligencia habituales el supuesto enfrentamiento entre vanguardia y caverna, entre apocalípticos y conservado-
res, su discurso aplastaba cualquier posible y jugosa po-
lémica. Marañón dio también su plato de carnaza a las
fieras repasando las sucesivas carreras de CJC como
actor de cine, pintor entre oficialista y provocativo, sol-
dado de fortuna y, de vez en vez, torero. Pero al entrar
en los valores literarios el tono cambiaba de manera radical. Veinte años atrás, recordó Marañón, a él le había tocado ya representar el mismo papel de portavoz
de los inmortales ante la llegada de un iconoclasta: se
trataba de la entrada de Pío Baroja en la Academia.
En ambas ocasiones, dijo Marañón, «en la retaguar-

dia de los varones sesudos y reglamentistas ha corrido un sobresalto como cuando, de súbito, se abre una ventana y sacude el ambiente una ráfaga de viento primaveral». Pero el antiacademicismo de Baroja y Cela, como había entendido muy bien el sabio doctor Marañón, amigo íntimo de ambos, era fruto del desprecio hacia unas determinadas personas y unas ciertas actitudes; en ningún modo llegaba al fondo de la cuestión, es decir, a la Academia en sí misma. Baroja y Cela eran, en realidad, unos perfectos ejemplares del académico enamorado de su herramienta de trabajo que se dedica fervorosamente a la limpieza, pulido y esplendor de la lengua española.

Labores y prebendas académicas

CJC atendió con esmero, en los primeros tiempos, sus tareas de académico. Cogía todos los jueves el avión de Madrid, temprano por la mañana, para estar presente en las sesiones ordinarias; proponía documentadas papeletas acerca de voces comunes, ausentes del diccionario por culpa de su malsonancia; conspiraba en ocasión de las elecciones de nuevos académicos dentro, claro es, del grupo «progresista» de la casa. Luego se enfrió un tanto su celo y acabó, por fin, acudiendo muy poco a la Academia. Pero se trata tan solo de alguno de sus clásicos enfados; ni la desidia ni la indiferencia tienen nada que ver con su retiro. CJC continúa siendo un académico en cuerpo y alma.

Por el mero hecho de serlo, los académicos reciben, además de la gloria, el tratamiento de Excelentísimo Señor, la facultad de usar papel de escribir con membrete de la Real Academia Española y, siempre que acudan a las sesiones de trabajo, nueve duros de dieta por cada asistencia, aunque me parece que, gracias a la generosidad de los últimos ministros de Cultura, la cantidad se ha elevado a algo menos de quinientas pesetas por barba, o perilla, y sesión. El aprecio que tiene mi padre a su condición de inmortal puede deducirse muy bien sin más que atender a su postura ante tales signos externos. Si dejamos de lado el aspecto económico, que nunca le ha interesado lo bastante como para meterse el sueldo en el bolsillo, CJC reclama y muestra con orgullo las demás prebendas. Guarda amorosamente las tarjetas de letra de bulto destinadas a la Guardia Civil, utiliza siempre su papel de cartas de la Academia y exige el tratamiento adecuado cada vez que se plantea la ocasión.

Ese afán por el formalismo protocolario suele sorprender bastante a los que guardan de él el recuerdo de un escritor tremendo y no se han tropezado nunca con su vertiente académica. Cada vez son menos, porque con los años se acentúa la imagen venerable y patriarcal de un «Don Camilo», casi en clave de personaje de Guareschi, a quien nadie osa tutear. Pero cuando, hace años, el barbudo vagabundo se presentaba en una sala de conferencias y exigía, airado, que se incluyera su reglamentario trato de excelentísimo en el anuncio, solían abundar las sorpresas y, algunas veces, hasta se daba paso al disparate.

En ocasión de una cena de cierto empaque cultural celebrada, hace ya muchos años, en el hotel Formentor para culminar algunos juegos florales, un premio de novela o algo así, el maestro de ceremonias del Ayuntamiento de Palma de Mallorca, un hombre bizco y bastante apocado al que habían puesto como encargado del protocolo porque seguramente no encontraban otro trabajo mejor que darle, tuvo la mala suerte de encontrarse con CJC a la hora de organizar el orden de la mesa. El buen hombre no tenía ni la menor idea de cuál era el rango protocolario de un académico ni, ya que estamos, del de ningún otro prócer, pero en aquellos tiempos tampoco pasaba nada grave por eso. Como no se planteaban los celos de ahora entre autoridades estatales, autonómicas, provinciales y locales, la solución era bien sencilla: del Gobernador Civil y Jefe Provincial del Movimiento para abajo todo daba un poco lo mismo. Así que el jefe municipal de protocolo, a la hora de colocar a los comensales, relegó de la presidencia a mi padre y puso en el sitio de mayor rango a una celebridad de la isla, un cura anciano y liberal, lleno de achaques, que no paraba de toser. El jefe de protocolo que, siguiendo una antigua y extendida costumbre local, confundía los tratamientos correspondientes al nombre y al apellido, se vio obligado a dar alguna explicación a CJC.

—Me ha parecido mejor ponerle a él de presidente porque, ¿sabe usted, señor Camilo?, como es sacerdote y, además, mayor...

El escritor le dedicó una larga mirada antes de responderle.

—Pues ha tenido suerte de que no esté presente el Príncipe de Asturias; con el mismo criterio le manda usted a cenar a la cocina.

Hábitos domésticos

La familia del escritor vivió solamente cinco años en la casa de José Villalonga 87, pero fue un quinquenio importante para todo el mundo. Para CJC, porque en ese tiempo entró en la Real Academia, tuvo su primer automóvil y se afeitó la barba. Para Charo, porque fueron unos años de relativa tranquilidad. Para *Papeles*, porque allí cobró fama y consolidó su tirada. Para Pichi y Chispa, los perros bóxer que apenas sobrevivirían a la siguiente mudanza, porque el barrio estaba lleno de gatos. Incluso para mí, porque en José Villalonga 87 cursé el bachillerato y sufrí todos los misteriosos y profundos cambios que le suceden a un niño en ese lapso particular de tiempo. Hora es de que dediquemos un poco de atención a esa casa.

Siguiendo una costumbre derivada del supuesto de que en Mallorca no hay invierno, el caserón de José Villalonga 87 nos condenaba a todos a helarnos desde Navidad hasta San Isidro, día más, día menos. No había ningún sistema de calefacción, salvo una chimenea más bien ridícula y del todo inútil por culpa de un tiro que, a la más mínima ráfaga de viento, funcionaba al revés. La humedad, por el contrario, abundaba, y subía por los cimientos de piedra arenisca esparciendo sus huellas por los muros con unas calidades dignas del más inspirado Tàpies. Puede que en el norte del Canadá, cerca de la isla de Melville, las chozas sean más frías y húmedas, pero por lo menos a los esquimales se les deja ir abrigados con pieles de foca dentro de casa.

No sé si habrá quedado lo bastante claro que en José Villalonga 87 nos helábamos. La cocina económica, de carbón, convertía esa parte de la casa en el único lugar habitable en invierno, pero mi padre jamás se acercaba por allí. Por suerte los días más fríos del año solían ser los de las calmas de enero, cuando apenas hay nubes en el horizonte ocultando el sol; quedaba entonces el recurso de salir a la terraza a secar un poco las carnes. Más tarde, con las borrascas de Semana Santa, volvían las oportunidades de mortificación.

Cada miembro de la familia combatía esas inclemencias del tiempo como buenamente le daba a entender su ingenio particular. Yo dejaba que los perros se subieran a mi cama un rato antes de la hora de ir a dormir, cuidándome de que mi madre no estuviera al tanto de la maniobra. Charo ponía en el lecho conyugal botellas de agua caliente que, de todas formas, se enfriaban pronto. Y nadie se levantaba en ninguna de las mañanas de invierno sin vestirse antes como un explorador.

La solución más creativa era la del cuarto de baño. CJC quemaba alcohol en un plato sopero a la hora de meterse en la bañera; era muy divertido tirar desde lo alto una cerilla encendida sobre el líquido y ver cómo se levantaba de inmediato una llama azul y movediza que, sin ser gran cosa, gracias a algún oculto mecanismo físico, caldeaba enseguida el ambiente. Como en el cuarto de baño había un armario lleno de libros, el sistema estuvo a punto de provocar un incendio en varias ocasiones, pero el riesgo de la pulmonía era mucho más peligroso e inmediato.

Aunque supongo que tenía más que ver con la filosofía que con el clima, mi padre había hecho rotular en la pared que daba al norte del salón de la casa de José Villalonga (salón que servía un poco de todo, de cuarto de estar, de comedor y de despacho de CJC) un gran letrero en el que podía leerse la solemne sentencia de Unamuno:

Dios te conserve fría la cabeza,
caliente el corazón, la mano larga.

Tuvo que pasar mucho tiempo hasta que yo entendiese el sentido de una tal admonición, pero refleja bastante bien la forma de ser que mi padre había heredado de su familia inglesa. El corazón caliente y la mano larga son rasgos que Camilo José Cela enseña bien a las claras y no merecen mayor comentario. Por lo que hace a la cabeza fría, CJC sigue fielmente las enseñanzas de una tía abuela suya londinense, hermana de mi bisabuelo John Trulock, que, siempre que se presentaba algún momento de crisis de esos que acaban por aparecer en todas las familias, le cogía del cuello y le susurraba al oído:

—Mira, Camilo José, cuando las cosas se te pongan mal, haz lo posible para no ponerlas tú peor.

Además de las máximas unamunianas y los cuartos llenos de libros, la casa de José Villalonga contenía la fauna habitual que acompaña a Camilo José Cela. De la humana ya se ha hablado; luego se dirá más de ella. Por lo que hace a la animal, también ahí muestra CJC su ascendencia británica. En la terraza había instalada una enorme jaula llena de canarios, jilgueros y unos pájaros pequeños muy curiosos, con pinta de tucán en miniatura, que jamás supe cómo se llamaban. En el cuarto de estar una pecera redonda aumentaba, como una lupa, el tamaño de dos espantosos peces negros, de grandes bigotes, que mi padre hacía pasar por pirañas ante cualquier invitado que no supiera gran cosa de ictiología. Con los escépticos CJC utilizaba una fórmula infalible.

—Meta usted el dedo; métalo, y verá como son pirañas.

Yo, que he adorado a los animales desde mi más tierna infancia, les tiraba de vez en vez un trocito de carne para ver si se lo comían, pero los peces ignoraban con gesto hierático la tentación. Mi libro de Ciencias Naturales decía que las pirañas se comían vacas enteras, pero no mencionaba sus gustos acerca de las migajas de croqueta y, como el texto no traía fotos, me quedé en la duda. En algún momento llegué a meter el dedo en el agua, pero lo sacaba enseguida, en cuanto uno de los peces mostraba el más mínimo interés por él, demasiado deprisa como para obtener ninguna conclusión terminante y definitiva.

El personaje de mayor altura de la casa de José Villalonga no era, sin embargo, ningún bicho. Era una mujer, María Obrador, la cocinera. Una campesina grande, gorda y analfabeta, de un genio endiablado, muy aficionada a jugar a la lotería de los ciegos, que me quería, a su manera, con verdadera pasión. María, que era de Campos, un pueblo de la comarca de levante de Mallorca, hablaba el castellano por aproximación, cambiando una gran parte de las vocales, más o menos la mitad de las consonantes y absolutamente todos los finales de palabra, sin dejarse jamás ni uno solo. Con el transcurrir del tiempo la familia pudo incluso mantener un diálogo con ella; al principio nunca se sabía si te quedabas sin desayunar porque no había leche, porque era demasiado tarde o, sencillamente, porque le daba la gana.

Como mi padre tenía a gala no acercarse nunca a la cocina (sobre todo en invierno, no fuera alguien a creer que buscaba el calor del fuego) y María no salía jamás de su santuario, las relaciones de ambos eran aun más difíciles al añadirse la distancia a la lengua. Creo que la fobia de Camilo José Cela a todo lo que huela, aun de lejos, a actividad doméstica del tipo que sea (llevar las cuentas, arreglar los plomos, cambiar una bombilla, llamar al fontanero, hacer las camas, limpiar el cuarto de baño, fregar los platos, dar de comer a los animales, poner una inyección, abrir la puerta de la calle, contestar al teléfono, echar una carta al correo, pedir un taxi, reservar un billete de aeroplano o una mesa en un restaurante, hacerse un café...) se reforzó considerablemente, gracias a María, en el caserón de la calle de José Villalonga.

CAPÍTULO 7
LA BONANOVA

PM 32.302

Entre sus recuerdos de adolescencia más aireados, Camilo José Cela suele incluir la especie de que su padre, mi abuelo Camilo, tenía antes de la Guerra Civil un automóvil Morris la mar de elegante y distinguido. Nadie más de la familia guarda memoria de tan acomodado lujo, pero tampoco voy a ponerme a rebatirlo ahora. Lo que sí haré, para evitar sospechas acerca de los datos que voy aportando, es dejar constancia de la matrícula que tuvo el primer coche del académico: PM 32.302.

Se trataba de un Seat 600 de color verde pero, claro es, ni la marca ni el color sirven como apoyo de la verdad de mis palabras. Los Seat 600 formaban una inmensa mayoría en la época en que vivíamos en la casa de José Villalonga y el único color disponible era el verde botella. Pero el hecho de la motorización sí que da cierta idea acerca de los nuevos rumbos que iba tomando la familia. Conseguir un 600 verde botella era algo prácticamente imposible, salvo enchufe muy preciso en la administración. Un primo que fuera jefe de negociado no bastaba. Un ministro daba acceso a un coche de importación. Sólo la virtud prudente y exacta de un amigo situado en el lugar preciso podía mediar para que el nombre de uno no se perdiese en la interminable cola de espera de los que anhelaban un Seat 600. No he podido averiguar quién sirvió de mano invisible para conceder el coche, pero es seguro que la nueva situación de CJC ante el ministerio de Información y Turismo, tras la llegada al poder de Fraga, tuvo que jugar algún papel. De pronto fueron legión los censores encubiertos que estaban ansiosos de mostrar hasta qué punto la persecución anterior sufrida por el escritor no tenía nada que ver con ellos.

El 600 recibió el nombre casi obligado de «La Bala Verde» y se ocupó de trasladar a Charo y a Camilo José periódicamente hasta Formentor sin más sobresalto que el de algún que otro calentón en verano. Teniendo en cuenta la manera de conducir de mi padre y las muy escasas virtudes motrices de los 600, es cosa de pensar en la existencia del Angel de la Guarda.

La primera vez que me subí a un automóvil de propiedad privada fue al de Anthony Kerrigan, el poeta entre americano e irlandés que vivía también en El Terreno, muy cerca de mis padres, en una casa que fue en su tiempo de Gertrude Stein. Tony tenía un coche inglés, un Austin o un MG, no recuerdo muy bien, con el que sembraba el terror por las estrechas calles de Palma. Cuando mi padre se motorizó, debió verse obligado a demostrar que su cosmopolitismo no era menor que el de cualquier poeta en lengua inglesa, con el resultado de que uno y otro, CJC y Tony Kerrigan, cruzaban habitualmente la plaza Gomila a una velocidad absurda que el aumento de tráfico, cuando el auge del turismo, llegó a convertir en suicida. Yo lo pasaba muy bien, pero a veces no podía evitar preocuparme cuando cargábamos a toda máquina contra algunos peatones poco avisados.

Hipótesis del mínimo riesgo

Camilo José Cela explicaba por aquel entonces que la velocidad es una garantía de seguridad y prudencia. La «Hipótesis del mínimo riesgo», atribuida, según el propio CJC, a un filósofo chino, establecía que lo más eficaz era acelerar cuando se llegara a un cruce:

—Se trata de una cuestión científica. Cuanto más deprisa pasas por el cruce, menos tiempo estás en él y menores oportunidades tienes de chocar con nadie.

Los viajes con CJC se convertían, gracias a la hipótesis del mínimo riesgo, en unas experiencias difíciles de olvidar. Eran trayectos que podían reconstruirse sin más que ir siguiendo las huellas de las gallinas arrolladas, los ciclistas furibundos y los peatones lívidos a lo largo de la carretera. Pero más valía hacer de tripas corazón y mirar para el paisaje, porque cualquier sugerencia acerca de la velocidad y la prudencia ponía furioso al académico, muy pagado de sus virtudes automovilísticas. En una ocasión, yendo hacia Formentor, la poetisa Sagrario Torres se permitió preguntar por qué íbamos tan alocados y mi padre, de inmediato, puso el coche a paso de mula asmática, con el cambio de marchas en primera velocidad. Dos horas más tarde, es decir, treinta kilómetros más allá, pasado el pueblo de Inca, detrás de nosotros se había formado una caravana histórica y Sagrario Torres lloraba desconsoladamente. Cada vez que un automóvil lograba adelantarnos, el conductor nos miraba con un gesto que indicaba muy claramente lo que pensaba de nuestros padres y yo, con cara de circunstancias, sonreía y decía adiós con la mano. CJC siguió su enfermiza marcha casi hasta llegar a Pollensa.

Entre los viajes que recuerdo bien está el que hicimos, bastantes años más tarde, mi padre, Paco Umbral y yo hasta Valladolid, a ver a Delibes. Umbral, medio griposo y siempre friolero, iba cubierto hasta las cejas de chales, bufandas y pañuelos y, aunque hacía ya algo de calor, cerraba cuidadosamente todas las ventanillas. Mi padre ponía entonces la calefacción a toda máquina hasta que el coche se convertía en un horno de exterminio. Entonces Paco Umbral abría una rendija de la ventana trasera y mi padre aprovechaba la ocasión para quitar la calefacción y abrir de par en par hasta la puerta. Así íbamos pasando por sucesivos ciclos de sofocos asfixiantes y gélidos estornudos, sin que nadie se diera oficialmente por enterado de la gimnasia de las ventanillas y las calefacciones. Faltaría más. La conversación iba saltando del Café Gijón a lo cursi que se estaba quedando Valladolid, y de los chismes del *ABC* a las ventajas de la prensa de provincias, mientras cada uno de los púgiles, con gesto ausente, atendía al menor movimiento del otro para obrar en consecuencia.

Todavía era peor acompañar a José García Nieto a su casa de Madrid, en la Avenida de los Toreros. Como CJC no conducía nunca por la capital, iba yo al volante, pero mi padre se empeñaba siempre en que a Pepito le daba mucho miedo la circulación y me obligaba a ir por encima de la acera, esquivando peatones. García Nieto, pálido de terror, se limitaba a cerrar los ojos.

Cuando, años después de haber conseguido «La Bala Verde», mi padre cambió el 600 por un Hillman y luego por un Jaguar MK II blanco y de asientos de

cuero, la hipótesis del mínimo riesgo acabó convirtiéndose en una amenaza pública. Sobre todo si tenemos
en cuenta que, en aquella época, le dio por viajar mucho por carretera. Siempre que tenían que ir a Santiago, a Barcelona o a Oviedo, Charo y Camilo José
se hacían con un equipaje de campaña: una manta, un
termo con caldo, bocadillos, mapas, linternas y, en general, todo lo que pudiera recomendar cualquier Manual del Perfecto Boy Scout. Luego salían cagando cen-
tellas sin detenerse más que en alguna fonda en la que
hubiera camiones aparcados, a la hora de comer. En
una ocasión, CJC se saltó una señal de *stop* de la carretera nacional VI de Madrid a La Coruña, yendo a más
de ciento cincuenta kilómetros por hora, por culpa, según él, de los frenos. Afortunadamente el filósofo chino
de la hipótesis del mínimo riesgo tuvo aquel día toda
la razón: CJC pasó tan deprisa por el cruce que no le
dio tiempo a chocar con nadie.

Un buen día, viviendo ya en La Bonanova, CJC
decidió que conducir se había convertido en algo vulgar y aburrido, vendió su Jaguar y no volvió a ponerse
nunca más al volante. Incomprensiblemente, a ninguna
autoridad de Tráfico se le ocurrió dedicarle el mere-
cido homenaje de agradecimiento. Años después, Camilo José Cela hizo un tímido intento de comprarse un
Morgan descapotable, pero luego resultó que no cabía
en el asiento, cosa que le desanimó de tal manera que
abandonó por completo el proyecto.

La casa de La Bonanova

No fue el automóvil el único signo externo de bie-
nestar de la familia por aquella época. Desde el punto

de vista literario, la publicación de *La catira* marcó una frontera en la obra de Camilo José Cela: era la última novela que iba a publicar en mucho tiempo. Pero su pluma estilográfica vieja y gastada no había de quedarse quieta. Siguieron los viajes por España, como *Primer viaje andaluz*, y los cuentos que, por aquello de la preceptiva literaria, se consideran «obra menor» y yo tengo por magníficas muestras del mundo de CJC, como *Los viejos amigos*, o *Tobogán de hambrientos*. Muchas de esas obras se publicaron en forma de folletón, por entregas, en *ABC*, en *Sábado Gráfico* y en *Destino*. La fórmula, que dejaba luego intactas las posibilidades de una edición normal en forma de libro, debía ser muy rentable, porque en el año mil novecientos sesenta y dos, instalado todavía en su atalaya sobre el puerto de Palma de la calle de José Villalonga, Camilo José Cela decidió construirse una casa nueva.

No iba a ser, desde luego, una casa cualquiera. Nada de estilos seudolocales, ni de comodidades ficticias, ni de lujos estúpidos. Ni pensar en columnas dóricas y mármoles en el recibidor; tenía que ser un *instrumento de trabajo*. Lo que sucede es que no todo el mundo tiene la misma idea de las herramientas y, al final, CJC acabó haciéndose un chalé de casi novecientos metros cuadrados. Pero no adelantemos noticias; lo primero era dar con el lugar apropiado. Un sitio que estuviera fuera de la ciudad pero bastante cerca de ella, lo menos tumultuoso posible y, por supuesto, dominando la bahía de Palma, con vistas hacia la mar. Marichu y Eugenio Suárez, que tenían una casa en el barrio palmesano de La Bonanova, les hablaron a mis padres de un hermoso terreno que estaba a la venta en la calle de Francisco Vidal. CJC mandó a su hermano Jorge y a Charo en misión de descubierta y los informes resultaron favorables. Fue así como La Bonanova, una mezcla de lugar de veraneo de los de antes de la guerra y de caserío a la sombra de la ermita que le daba nombre, con sus espléndidas vistas sobre Illetas, situada a la espalda del bosque de Bellver y muy cerca de Génova y de la casa de Joan Miró de Son Abrines, iba a tener entre sus vecinos a Camilo José Cela.

Los planos de la nueva casa los dibujaron, al alimón, Molezún y Corrales. Contra todo lo esperado, el escritor resultó ser el cliente ideal de un arquitecto: se limitó a suministrar, por escrito y con harto lujo de detalles, el catálogo de sus necesidades, y dio luego carta blanca a los técnicos para que se ocupasen de hacer los planos a su entero gusto. Cierto es que la lista de exigencias de CJC imponía no pocas servidumbres. Era necesario que la casa pudiera albergar librerías suficientes para veinte o treinta mil volúmenes, que el despacho del escritor fuera amplio y diáfano, que cupiese entera la redacción de los *Papeles de Son Armadans*, que hubiese un cuarto de baño en cada dormitorio, que la intimidad y el silencio estuvieran absolutamente garantizados y que no se pensase siquiera en poner una piscina (los mármoles y demás abalorios de moda habían sido ya proscritos, de entrada, por los propios arquitectos). Molezún y Corrales optaron por una casa muy grande —para asegurar el espacio necesario—, con unas enormes terrazas cubiertas de plantas —para evitar la sensación de agobio en un solar no demasiado grande— y llena de soluciones originales. Tan originales que el constructor encargado de hacer la estructura quebró después de levantar y volver a tirar dos o tres veces la primera planta.

La casa de CJC de La Bonanova ha sido fotografiada y reproducida en numerosas revistas técnicas, como símbolo de una arquitectura que se adelantó en varias décadas a lo que luego sería tenido por excelso. Aun cuando la última piedra se puso en el año mil novecientos sesenta y cuatro, todavía llama la atención como un edificio «moderno». Es enorme, como ya se ha dicho, pero prácticamente invisible desde la mar: gracias a sus volúmenes exquisitamente repartidos y a su color oscuro, se confunde con los árboles que la rodean. Llena de espacios abiertos y desniveles, con hormigón visto, paredes encaladas, sin enlucir, y madera de su color natural, fue de los primeros edificios que se atrevieron a combinar materiales «bastos» y «nobles». Las baldosas de gres forman el suelo de toda la casa (habitaciones, salas, oficinas, cuartos de baño, cocina y terrazas), y cubren también las paredes allí donde habitualmente se utiliza el azulejo. En el piso más alto los arquitectos situaron un estudio de pintor, ante la idea de CJC de volver a sus aficiones plásticas de mozo, aunque la habitación terminó, en realidad, como un almacén más de libros, revistas y cuadros. El semisótano, al que se accedía directamente desde el comedor, estaba reservado a una pequeña bodega de techo bajo y suelo de cantos rodados que ha terminado por ser uno de los lugares de la casa más aplaudidos por los visitantes.

Apuntes gastronómicos

La bodega de la casa de mis padres en La Bonanova queda casi enteramente cubierta por una enorme mesa de madera. La mesa es, en realidad, la tapa de una barrica de vino traída de un celler de Inca y hubo que colocarla en su sitio antes de que se levantasen las paredes de la casa porque después hubiera sido imposible meterla por hueco alguno. Pero en la bodega queda lugar también para estanterías cargadas de libros (faltaría más) y botellas de carácter reunidas y atesoradas por CJC: una reserva de champán dedicada a los esponsales de Balduino de Bélgica y Fabiola; un licor medicinal marca «Nuestro Señor Jesucristo» que, según proclama su etiqueta, es capaz de curar, entre otras muchas enfermedades, la impotencia; unas botellas de vino dibujadas por La Chunga... La bodega, haciendo honor al sentido estricto del término, contiene también vinos de los de beber, pero su sección más espectacular es la de las botellas ya vacías, dedicadas a CJC por algunos de sus amigos en recuerdo de alguna que otra cena memorable. Están allí los ejemplares firmados por Picasso, por Miró, por don Juan de Borbón y por Miguel Angel Asturias, entre tantos otros. Hay más de un centenar y, como cito de memoria, probablemente estoy pasando por alto alguna que otra dedicatoria importante. Las de los pintores son las más espectaculares, por supuesto, gracias a sus dibujos y su colorido, pero personalmente me quedo con la del viejo aventurero que se enamoró de un país de locos y supo contar como nadie las historias de aquellos que están fatalmente destinados a perder. La dedicatoria está escrita nítidamente, en mal español, con una caligrafía pulcra y cuidadísima: «Hecho al Escorial. Ernest Hemingway.»

La bodega de La Bonanova fue, durante largo tiempo, el mejor exponente del aprecio que mi padre tuvo siempre a la virtud de comer y beber de forma civilizada; aprecio que, a la larga, le metió cuarenta kilos en la barriga y ha acabado llevándole al quirófano hace poco. Entre mil novecientos ochenta y ocho y ochenta y nueve, varios de sus amigos médicos (José Caubet, Alfonso Ballesteros y Miguel Llobera, en Palma; José

Luis Barros, en Madrid) le abrieron por dos veces las tripas a CJC para curarle unos divertículos inflamados. Se trata de una enfermedad típica, en teoría, de los países gastronómicamente más civilizados, pero desde el momento en que operaron de lo mismo al presidente Reagan ya no me atrevería a poner la mano en el fuego para asegurarlo.

Con la operación mi padre perdió treinta y dos kilos y abandonó casi del todo sus hábitos alimenticios más interesantes. Pero es mucho mejor fijar el recuerdo en los años de las vacas gordas, en aquellos tiempos en los que la bodega de La Bonanova estaba repleta de jamones de pata negra, de lomos embuchados, de panzudas sobrasadas y *camaiots* y de quesos manchegos curándose en una gran tinaja de barro, metidos en aceite. Daba gusto verla.

La glotonería de Camilo José Cela es otro de esos rasgos proverbiales de su carácter y lo suficientemente conocido como para que no merezca la pena insistir demasiado en él. Bastará aclarar algunos detalles. El primero, que cantidad y calidad son cualidades que CJC aprecia por igual y sin hacer distingos. Nada más lejos del ánimo de mi padre que esos menús «largos y estrechos» impuestos por la cursilería de la *nouvelle cuisine* a la moda. Las fabes con almejas, el cordero, el lacón con grelos o la *escudella i carn d'olla* son platos que CJC aprecia por el cuidado equilibrio con el que se añade en ellos la presencia al arte.

En contra de lo habitual entre triperos, mi padre no cocina. El único plato que le he visto hacer, una paella ciertamente bien conseguida, terminó por ser arrinconado porque siempre había quien opinaba sobre la cantidad necesaria de líquido o el tiempo que faltaba para quedar listo. Pero ese repelús ante los fogones lo compensa por medio de un espíritu del todo abierto ante lo que se le ofrece de comer. Cualquier cosa sancionada por la costumbre, de la que se guarde memoria de excelencia gastronómica, será digna de tener en cuenta; así ha llegado CJC a comer saltamontes fritos en Africa, mono en el Caribe y algo que se parecía mucho, según dice mi padre, a la carne humana, en el Orinoco. Esto último no resulta fácil de comprobar, pero en otros casos existen muy oficiales documentos que dan fe. Los cojones de morueco macerados que se comió en Finlandia vienen suscritos por un documento firmado por el traductor jurado de la embajada española en Helsinki. Y de la rata que se comió CJC en la localidad mallorquina de Sa Pobla hay diligencia oficial extendida por Damián Vidal Burdil, abogado y notario de dicha villa*.

Lo único que no come CJC es *junk food*: hamburguesas, perros calientes, ketchup y coca-cola. Nadie es perfecto.

Historia de un mural

El resto del espacio de la casa de mis padres en La Bonanova se distribuyó entre el enorme estudio de CJC, las oficinas de Charo y de *Papeles*, las habitaciones y las demás dependencias propias de una casa que debe servir de hogar. Aunque ninguno de los muchos visitantes que han admirado la casa ha sacado de ella nunca la impresión de una vivienda familiar. Parece y es, ciertamente, un museo; un museo vivo y lleno de calor.

La casa de CJC de La Bonanova es, en muchos sen-

---

* Véase el apéndice documental.

tidos, una obra de arte. Pero si se tuviera que elegir entre sus numerosos detalles en busca de un símbolo capaz de resumir todo su ser, yo optaría por el mural de Picasso. Se trata de una pieza de unos veinte metros cuadrados, situada en la pared de la casa que da al jardín, con un tema picassiano donde los haya: el de un centauro que persigue a una ninfa. La historia de ese grabado es digna de recordar.

En uno de los viajes de CJC a La Californie el escritor sacó un suntuoso mechero de oro y laca negra —que le había regalado, según creo recordar, Barreiros, el fabricante de camiones y automóviles— para dar fuego a Picasso. Al ver el mechero, el pintor se quedó muy admirado.

—¡Qué tío, vaya mechero tienes! ¡Siempre ha habido pobres y ricos!

Tanta lata le dio Picasso a CJC con el mechero que el escritor se lo regaló. Al día siguiente, al llegar a La Californie, Jacqueline le entregó al escritor un paquetito pequeño, de parte de Pablo. CJC se encontró, al abrirlo, con un mechero negro e irregular, de una marca bastante ordinaria. Pero en él Picasso había grabado con un punzón el hermosísimo dibujo del centauro y la ninfa. CJC se quedó boquiabierto. El pintor, cerrando los ojillos con la sonrisa pícara del malagueño que llevaba siempre dentro, le dijo:

—No pierdas la garantía. Si no funciona, te lo cambian.

CJC hizo pasar ese grabado al mural de su casa de La Bonanova. Como resulta evidente, no fue el propio Pablo Picasso quien se ocupó de dar forma con martillo y cincel a los trazos; la operación la planeó Ramón Molezún y la llevó a la práctica el pintor John Ulbricht, siguiendo cuidadosamente las líneas del grabado. Creo que es una buena muestra de la valía del arte de Picasso el que un cambio tan drástico de las proporciones, desde el pequeño mechero al enorme mural, no haya afectado en absoluto la fuerza y la composición de la escena: permanecen intactas.

Una mudanza más

La familia se mudó a la casa de La Bonanova en la primavera del año mil novecientos sesenta y cuatro. Técnicamente hablando, las obras de la construcción no habían acabado aún, pero mi padre se empeñó en que la única forma de sacar fuera de una vez por todas a los obreros era la de ir a vivir *in situ*, así que obramos en consecuencia mudándonos allí. Hablar de mudanza quizá sea, en este caso, un poco arbitrario; como hasta entonces habíamos vivido siempre en casas de alquiler, apenas teníamos mueble alguno. Pero esa ausencia de menaje doméstico quedaba de sobra compensada por las grandes cantidades de cuadros, libros, esculturas, archivos y objetos de dudosa función que hubo que trasladar. CJC decidió que las agencias de transporte no eran de confianza en cuanto a la manipulación de sus tesoros y, durante un par de semanas, hubo una continua caravana de coches, furgonetas y hasta alguna que otra moto que unía El Terreno y La Bonanova, en la que participaban, además de los miembros de la familia (con excepción del propio CJC, que se limitaba a vigilar la buena marcha de la operación), los empleados de *Papeles de Son Armadans* y los amigos.

Finalmente quedamos instalados, o por lo menos desparramados, en la casa de Francisco Vidal. La mayoría de los muebles no había llegado aún, pero disponíamos, al menos, de un colchón para dormir y una caja de huevos como mesita de noche. Los demás detalles irían añadiéndose con paciencia y amoroso cuidado. No tuvo que pasar demasiado tiempo, sin embargo, para que la casa de paredes desnudas y espacios abiertos fuera profusamente invadida por toda la iconografía propia de CJC. Pero ni Molezún ni Corrales se habían tomado suficientemente en serio las amenazas de mi padre como avasallador de los espacios vacíos. Antes de que la casa cumpliera un año de vida, el espacio previsto para colocar libros estaba del todo repleto y las estanterías seguían su metástasis, extendiéndose como una marea viva que lame con mayor ansia cada vez las arenas de la playa. En una de las visitas del arquitecto, ya como amigo, Molezún quiso subir al despacho de CJC para ver cómo había quedado. Al llegar allí, palideció. Al día siguiente una cuadrilla de obreros forraba las columnas del primer piso de acero mientras en la ermita de La Bonanova ardían nuevas y fervorosas velas.

La casa no se fue abajo, pero CJC se encontró pronto muy limitado en su afán colonial y tuvo que acabar comprando el chalé del vecino para poder seguir en su tarea de colgar cuadros y amontonar libros. Nada resulta imposible cuando a la vocación se le añade una dosis suficiente de fe.

Pero no se debería sacar la impresión de que la tendencia de CJC a ocupar todo el espacio disponible se limita tan sólo al interior de los edificios. Está también el jardín, en el que CJC debe compartir su reino con Manoliño, el chófer y jardinero de mi padre. Manuel Boga Rego y Carmiña, su mujer, son de Padrón y tuvieron que cruzar todo el país para venirse a La Bonanova con CJC, cosa que no debe extrañar a nadie que conozca la aversión de mi padre hacia los forasteros.

El jardín de La Bonanova siguió un proceso de invasión muy parecido al del resto de la casa aunque, en este caso, CJC tropezase con los inconvenientes de la falta de paredes que llenar. Las disponibles, es decir, las vallas que limitan el solar y los muros de la caseta de aperos y de la perrera, acabaron cubiertas por las lápidas de las calles, plazas, caminos, eras y colegios que llevan el nombre de Camilo José Cela. Pero las paredes, al fin y al cabo, pueden considerarse parte del edificio; mi padre consiguió también extender su huella por los espacios abiertos del jardín, hasta llenarlos de una forma adecuada. Algunos detalles, como el de un horno para hacer pan o el quemador de hojas y desperdicios, fueron ideados por Molezún y Corrales; otros, como el de los árboles (una higuera, un algarrobo, un par de almendros, un ciprés, un limonero, un ciruelo, una palmera, un pino que hubo que quitar cuando sus raíces se extendieron demasiado), existían ya en el terreno o se añadieron de inmediato. Pero quedaba aún mucho sitio disponible al aire libre; tanto, que suponía una tentación para el espíritu colonizador de mi padre. No tardó en comenzar la invasión del césped.

Como con el paso del tiempo CJC había revisado sus ideas acerca de la piscina en tanto que símbolo del mal gusto medioburgués, decidió hacerse una, con la condición de que no tuviera formas exóticas ni escaleras metálicas con los peldaños en vertical. Años más tarde se trajo un hórreo de Galicia, uno antiguo, de granito, cubierto de musgo, con la base sostenida por ocho columnas y tamaño tirando a grande. También los animales han ido ocupando su sitio en el jardín. Bajo la atenta vigilancia del escritor, Manoliño fue construyendo diversos y muy útiles recintos: una gran jaula para los pájaros exóticos; dos gallineros repletos, claro es, de pollos, pero también de tórtolas y codornices; un acotado medio cubierto con hojas secas de palmera en el que pueden volar una docena de loros y hasta una perdiz... A CJC siempre le ha producido una gran sensación de poderío el contemplar el ganado.

Piscina, perrera, jaulas, hórreo, quemador, caseta de herramientas, horno, arbolado, ¿me dejo algo? Bueno, quizá se deban mencionar unas vallas colocadas por Manuel para impedir que los perros lleguen a la piscina y también el seto destinado a ocultarlas. Añádanse unos matorrales de hibisco, varios palmitos de gran tamaño y, por supuesto, un estanque con ranas y carpas. El paisaje del jardín queda completo.

Paréntesis madrileño

De la casa de La Bonanova guardo, como es natural, los más firmes recuerdos. De todos los numerosos hogares que ha ido teniendo la familia, ése es el más nuestro o, mejor dicho, el único nuestro de verdad. Pero también ha sido, en cierto modo, la casa en la que menos llegué a vivir. Se terminó casi al mismo tiempo de concluir mis estudios de bachillerato y tuve que irme de la isla, por aquello de hacer la carrera. Pero volvía siempre a la casa de La Bonanova durante las gozosas vacaciones y la encontraba cada vez distinta. Era como un hermano menor, o un hijo que va creciendo y nos llena de sorpresas.

Me fui a Madrid en el otoño de mil novecientos sesenta y dos, a estudiar el curso preuniversitario. Durante mi bachillerato mallorquín me había convertido casi en el paradigma del estudiante de provecho, con

premios y matrículas de honor, de no ser por un par
de detalles que me llevaron al borde de la expulsión y
que dejaré convenientemente en la sombra. Mi padre
todavía sospechaba de ese inesperado cambio y me ponía todos los veranos un profesor particular para impedir que se me oxidasen los conocimientos tan ines-
peradamente adquiridos pero, llegado el caso, ni siquiera se planteó ninguna alternativa: como todo hijo
de buena familia de la clase media, iría a la universidad. Al ser miembro de un clan liberal, se me permitió escoger la profesión que quisiera, salvo la de cura
o militar, pero no dudé mucho. Entre toda la gama de
posibilidades elegí la que me parecía entonces más alejada de la vida de un escritor: la carrera de ingeniero.

Fue un tremendo error. En ninguna de las familias, ni la gallega (de los Cela), ni la vasca (de los Conde
y los Picavea), ni la inglesa (de los Trulock), ni la ita-
liana (de los Bertorini), había la más mínima tradición
de poetas, novelistas o dramaturgos. Lo más cercano
que se podía encontrar, si se exceptuaba a Jorge, hermano menor de mi padre y demasiado joven a los efectos de la historia, era un tío de mi madre, Rafael Picavea, dueño y director de un periódico en San Sebastián. Pero los ingenieros abundaban: desde mi tatarabuelo, Camilo Bertorini, el constructor del ferrocarril
de Padrón, y su yerno, John Trulock, a los hermanos
de mi abuelo (como Pío Cela, ingeniero de Caminos,
Canales y Puertos) y los de mi padre (Rafael, ingeniero
de Minas; José Luis, ingeniero Industrial), la técnica
asomaba por doquier. Así que mi sagaz brote de rebelde en ciernes me había metido de lleno en los brazos de la tradición. Y mi padre, fervoroso amante de
todo lo que oliera a saga familiar, se puso muy con-
tento. Me imagino que debía acordarse del célebre epi-

sodio en el que el filósofo Wittgenstein, un joven universitario aspirante al título de ingeniero aeronáutico en aquel entonces, le preguntó a Bertrand Russell, a quien tenía de profesor, si le creía tonto del todo. De haber contestado Russell que sí, Wittgenstein habría optado por seguir estudiando para ingeniero. ¿Qué mejor coartada para mi futuro?

De esa forma me encontré de nuevo en Madrid, en casa de mi abuela Camila y matriculado en una academia preparatoria de las oposiciones de ingreso a la Escuela Técnica Superior de Ingenieros de Caminos, Canales y Puertos. Cito el nombre de la carrera textualmente, respetando hasta las mayúsculas; al fin y al cabo es casi lo único que me llegué a aprender bien. Porque de mi padre había heredado al menos una cualidad: la de cierta alergia hacia la mecánica, el cálculo y la destreza manual. Imagino que nadie se sorprenderá si confieso que mi carrera como ingeniero no fue larga, ni brillante. Pero me pasé seis cursos académicos en Madrid: Preuniversitario (que aprobé gracias al examen de francés); Selectivo; Iniciación; otra vez Selectivo, debido a un cambio de plan de estudios, ya como primer curso de carrera; segundo curso; de nuevo segundo curso, porque me suspendieron, y se acabó. Una noche, mientras estaba viendo *Rosemary's baby* de Polanski con Paco Martínez, compañero de fatigas en Caminos y mi más íntimo amigo, decidí dejar la carrera de ingeniero. Puede que el ambiente diabólico de la película me abriera los ojos.

Durante mis años en Madrid hice amigos inolvidables, aprendí a conducir, leí muchísimas veces *Los cantos de Maldoror*, los cuentos de Poe y *El cuarteto de Alejandría*, me metí en algún que otro encierro histórico durante las revueltas estudiantiles, corrí delante de los «grises» sin que me atraparan ni una sola vez y me pasé bastantes noches jugando al poker en una pensión de la calle de Maudes. Luego de todo eso, me volví a Palma.

Aunque, en realidad, nunca me había ido del todo. A la menor ocasión me acercaba hasta Valencia y tomaba allí el barco de la Transmediterránea. Al amanecer del día siguiente, entrando ya en la bahía de Palma, intentaba localizar desde la cubierta alta del «Ciudad de Granada» la casa de mis padres. Resultaba imposible. Molezún y Corrales habían hecho un excelente trabajo.

Ilustres visitantes

Cada retorno a La Bonanova era una maravillosa aventura después de la sórdida monotonía de Madrid. La casa iba cambiando de continuo, con nuevos cuadros y tentadores libros. Tampoco es que me hubieran faltado los libros en Madrid; mis tíos José Luis y Paloma, que se mudaban de piso, habían dejado entre tanto arrinconada su biblioteca en una habitación de la casa de la abuela Camila donde vivía yo. Pero se trataba de una oportunidad de lectura que podríamos llamar ortodoxa: los clásicos rusos, Stendhal, Aldous Huxley, Graham Greene, Morris West y las novelas policiacas más conocidas. El espíritu de urraca de CJC conseguía acumular alternativas mucho más atrayentes, aun cuando sólo fuera por el exotismo de lo prohibido. En los estantes de La Bonanova abundaba, por supuesto, la literatura española (que no me atraía ni lo mas mínimo), pero también se iban amontonando otras muchas cosas de variado cariz: los *Trópicos* de Henry

Miller, Baudelaire, Lawrence (descubrí que había, en realidad, dos), Malcolm Lowry (*Bajo el volcán*, que luego, mucho más tarde, se pondría de moda de repente; *Oscuro como la tumba donde yace mi amigo*, que tuvo peor fortuna), libros semipornográficos de la época de la República, novelas negras de Rex Stout (en inglés) y hasta un manual de submarinismo. Todo lo que sonara a oculto, raro, morboso o aventurero, me lo leía una y otra vez. Como en aquel entonces yo trabajaba de periodista y me había matriculado en la facultad de Filosofía y Letras, puede decirse que se trataba de un ejercicio casi académico. Pero La Bonanova ofrecía alicientes incluso más atractivos que los del desorden literario. Era raro que no hubiera en casa un ilustre invitado, un amigo de CJC hospedado allí.

Desde muy pequeño aprendí a no sorprenderme demasiado por lo que sucediese en la casa de mis padres, sobre todo en aquello tocante a huéspedes y amigos. Con cierta frecuencia, aunque, desde luego, no todos los días, se podía encontrar uno al levantarse con un señor desconocido desayunando de pie en el recibidor. Era, por lo general, un huésped de los que mi padre iba alojando.

Puede haber varios tipos de invitados en la casa de Camilo José Cela. Están los profesores extranjeros que pretenden hacer alguna tesis doctoral sobre el escritor y toman al pie de la letra la fórmula un tanto ritual de «venga usted por mi casa cuando quiera». Luego quedan los visitantes ilustres: escritores, poetas, pintores o eruditos de fama, amigos muchos ellos de CJC desde los años de la juventud. Hay también, más raramente, algún familiar que está de paso. Los demás ejemplares pertenecen a la especie del amigo más o menos solitario, lánguido o menesteroso, ya sea por separado o todo a la vez, que se acerca por allí y, finalmente, echa raíces. Supongo que las grandes familias patriarcales se formaron de manera no muy distinta.

Poco después de su matrimonio, cuando Charo y Camilo José vivían ya en Alcalá 185 pero aún no me habían puesto en el mundo, la nómina de huéspedes se inauguró con Rafael Pérez Delgado, un hombre escuálido y diminuto al que su fama de intelectual antifascista le había traído muchos problemas una vez acabada la Guerra Civil. En aquella época el estar catalogado de «rojo» suponía un serio peligro, y Pérez Delgado dormía en casa de CJC, pero no se quedaba allí durante el día por miedo a comprometerle ante un más que posible chivatazo. A eso de la una de la madrugada, nada más salir del periódico, CJC iba a buscarle. Noche tras noche Pérez Delgado insistía ante mi (futura) madre que era mejor seguir su camino para no poner en peligro a los recién casados, pero al final acababa por aceptar un plato de sopa y el sofá del recibidor «sólo por esta vez».

Rafael Pérez Delgado era un hombre muy inteligente y se ganaba la vida haciendo por encargo tesis doctorales de literatura, historia o filosofía, a tanto la nota y con garantía del aprobado, notable o sobresaliente *cum laude*, a elegir. En la posguerra, sin embargo, el mercado de las tesis doctorales andaba a la baja, porque se valoraba más la condición de excombatiente que las virtudes académicas, así que el erudito amigo de CJC compartía las estrecheces de todo el mundo.

Por la mañana, cuando Pérez Delgado se iba de casa, Charo encontraba siempre unas extrañas migas encima del sofá. CJC llevó una muestra a un químico, y resultó ser papel machacado. Creo que es una buena muestra de cómo iban las cosas por entonces el que el erudito amigo de CJC tuviera que protegerse del invierno madrileño con periódicos viejos como ropa interior.

Américo Castro

A ese primer y entrañable amigo sucedieron luego muchos otros. Algunos se quedaban solamente un par de días en casa; otros acabaron siendo prácticamente de la familia. Durante todo mi exilio madrileño era siempre emocionante llegar a casa y ver quién estaba ocupando la habitación de huéspedes. Supongo que me perdí a muchos de los más notables, pero guardo especial recuerdo de tres de aquellos con los que llegué a coincidir: Américo Castro, Miguel Ángel Asturias y Ramón J. Sender.

Vayamos antes con unas breves y necesarias precisiones acerca de la relación que mantiene CJC con sus invitados más ilustres. La mayoría de la gente cree que las charlas entre dos grandes figuras de la novela, o de la poesía, transcurren siempre por los cauces de la alta teoría literaria; que es algo así como un improvisado seminario en el que se examinan con detalle crítico y firme pasión los entresijos de la labor creativa, las ventajas y desventajas del uso de la metáfora, la rima consonante en los versos dodecasílabos y hasta el retruécano como medio útil para intrigar al lector. Nada más equivocado. Las conversaciones entre inmortales suelen discurrir por idénticos tópicos e iguales latiguillos que aquellos que aparecerían si se tratase de dos antiguos amigos sin mayor calificación. Esto es rigurosamente cierto, al menos, si uno de los interlocutores es CJC; el escritor odia el hablar de sus libros y mucho más todavía el discutir acerca de la literatura en general. Cuando surge el tema, cosa nada difícil si hay un auditorio interesado, mi padre acude rápidamente a una broma que corta de raíz la posibilidad de seguir por tal sendero. Nunca asistí a sus clases de doctorado en el departamento de Literatura Española de Palma de Mallorca (de las que luego se ofrecerá más detalle), pero me imagino lo extrañados que se quedarían sus alumnos al comparar esas lecciones magistrales con las que estaban acostumbrados a recibir.

El primer día del encuentro de CJC con su ilustre invitado transcurre, pues, volviendo sobre las comunes peripecias: se cambian nuevas noticias y se refrescan viejos y añorados recuerdos. Al día siguiente abundan los «¡Bueno, bueno!...», «Qué cosas, ¿no?» y «Quién lo iba a decir». Durante el tercer día CJC se mete de nuevo en su despacho, a trabajar; el muy ilustre invitado se pasea por el jardín, o se acerca a la ciudad de compras, o se queda leyendo en su habitación. Las ceremonias sociales han terminado. Durante un tiempo los demás de la casa andamos un poco incómodos, como al acecho del ilustre desocupado, pero pronto se restablece el orden. Un recurso muy útil es el de llevar al ilustre a ver la isla (Valldemosa, Deià, Soller, con parada —optativa— en un taller de vidrio soplado y visita —obligatoria— a la celda de Chopin), o tentarle, si es verano, con las grandes ventajas de la playa.

Algunos de los ilustres invitados, como don Américo Castro, se sabían muy bien sabido el guión de la visita porque volvían a casa de mi padre año tras año. Don Américo, cuando le conocí, era un venerable anciano de bigote y cabello de un blanco herido por el sol de California. Aunque se había jubilado ya como profesor, seguía viviendo en La Jolla durante todo el año, pero también solía venir a España muy a menudo y se pasaba entonces unos días en la casa de CJC. Su aspecto, su fama y su carácter, tan agrio y ceñudo como en sus mejores épocas, obligaban a no apearle nunca el tratamiento; como don Américo lo recordaré siempre. Su mayor pasión era la de nadar en la playa, pese a que cuando acostumbraba a venir era en primavera, en la época en que el agua está más fría; mucho más tarde, cuando tuve ocasión de bañarme en el Pacífico, cerca de San Diego, en medio de alguna que otra foca, comprendí por qué la temperatura invernal de las aguas del Mediterráneo le resultaba tan atractiva a don Américo.

Lo mejor de Américo Castro era la capacidad que tenía de imponer sus ideas ante quien fuese, incluyendo entre los posibles contrincantes al propio CJC. Era todo un espectáculo contemplar a mi padre y a don Américo metidos en plena pelea por los motivos más nimios. Se trataba, claro es, de un enfrentamiento según los cánones más clásicos de la educación anglosajona, heredada en el caso de CJC y, por lo que hace a don Américo, adquirida durante su destierro. El viejo y gruñón profesor y el joven y tremendo novelista eran muy amigos, pero después de la inevitable discusión del segundo día terminaban por estar sin dirigirse la palabra durante casi una semana. Luego don Américo se iba y al año siguiente, cuando volvía, comenzaba de nuevo todo el ritual. Como dato de excepción habrá que apuntar que esas discusiones versaban sobre materias no domésticas. A don Américo le encantaba hablar de los judíos, los moros y los cristianos; no es difícil adivinar que el tema de conversación estaba servido.

Miguel Angel Asturias y Sender

Los otros dos visitantes ilustres a los que voy a referirme tuvieron una estancia mucho menos regular en la casa de La Bonanova. En realidad don Américo cumplía un poco el papel de un tío abuelo mío que viniera a visitarnos año tras año. Me traía regalos y me llamaba «Camilo José, el mozo», evitando cuidadosamente un *junior* que por aquel entonces me acechaba y que, gracias a él, pude esquivar. Tanto Miguel Angel Asturias como Sender fueron huéspedes mucho más esporádicos. En lo que respecta a este último, sólo vino a casa una vez, pero su estancia fue tan sonada que resulta imposible de olvidar.

Sender, Max Aub y el resto de los exiliados que tardaron mucho en regresar a España se encontraron a su vuelta con un trágico destino. Sus corazones y mentes estaban todavía anclados en aquellos meses amargos del final de la Guerra Civil, cuando tuvieron que abandonar su país y permanecer lejos de él durante toda la vida, alimentando una esperanza cada vez más débil de volver en olor de triunfo. Pero España, entretanto, había cambiado de forma irreversible. Los años setenta no eran en forma alguna parecidos a los años cuarenta. Como dijo Tom Wolfe (el primer Tom Wolfe, por supuesto), resulta imposible volver a casa.

Con don Américo era distinto: había venido a España muchas veces durante su exilio. Pero ni Sender ni Aub entendieron demasiado el por qué no se les perseguía al volver, ni cómo era que no se les pegaba un policía a los talones para espiar sus pasos. A la amargura del destierro físico se unía el golpe de un destierro moral, del olvido de todos los ideales y los sentimientos que les habían acompañado durante los largos y duros años del exilio y ahora, a la vuelta, se mostraban inútiles y hasta un poco ridículos. Ni Aub ni Sender encajaron bien el golpe, pero el primero tuvo un entrañable reencuentro con CJC, con el escritor símbolo de quienes no habían abandonado España. Respecto al segundo... Vayamos con la historia.

CJC conoció a Sender en Estados Unidos, en el curso de una gira de conferencias, organizada por Gonzalo Sobejano, que mi padre hizo de universidad en universidad. Se comprenderá mejor el mérito de tal viaje si se tiene en cuenta que CJC, aun siendo hijo de madre británica, no habla ni una sola palabra de inglés. Doy fe. En el transcurso de una cena dedicada a él en la Universidad de Siracuse (que queda al norte del Estado de Nueva York, cerca de las cataratas del Niágara y de la frontera del Canadá) en la que estuve presente, mi padre, flanqueado en la mesa por el rector y el presidente de la Universidad, componía una gran sonrisa cada vez que se dirigían a él y contestaba, invariablemente, «Collonut, Paraguay». Los próceres de Siracuse debieron pensar que era un hombre muy simpático, pero de limitada conversación.

Siempre que le preguntan si conoce alguna lengua, aparte de la castellana (o la gallega), mi padre responde con las palabras de Lola Flores: «Ni lo permita Dios.» Así que CJC se recorrió América del Norte de cabo a rabo, sin entender ni una sola palabra, con un par de mudas en la maleta y una enorme fe puesta en quienes le esperaban en el siguiente aeropuerto. La euforia al encontrarlos se traducía en múltiples invitaciones y, al amparo de una de ellas, llegó a Palma Ramón J. Sender.

Ya desde el principio las cosas salieron torcidas. El primer día Sender se cayó por las escaleras que bajan hacia el comedor y hubo que enyesarle un pie, limitando no poco sus movimientos; el recurso tradicional de las excursiones quedaba de golpe muy disminuido y el huésped, por aquello de las compensaciones, decidió ahogar sus penas cn *whisky*. Como el de CJC no le gustaba, se compró una botella para su uso particular, pero le duró muy poco.

Para animar al prócer enyesado y cada vez más huraño, mis padres organizaron una fiesta a la que acudieron profesores de la Universidad de Palma, cuidadosamente elegidos entre los de materias como historia, literatura y filosofía, y tendencias más bien republicanas. Pero no se puede decir que fuera un éxito. Sender insistió en mantener como tema de conversación el de sus conquistas amorosas entre las alumnas americanas, aspecto que no parecía interesar demasiado al auditorio, y pronto hubo un decidido y notorio desplazamiento de los invitados hacia la zona cn la que CJC contaba sus habituales barbaridades. Al día siguiente, cuando un equipo de Televisión Española apareció en la casa de La Bonanova para hacerle una entrevista a CJC, y los reporteros apenas reaccionaron al enterarse que estaba allí Sender, la espina se hundió un poco más y el terreno quedó perfectamente preparado para el desastre de la noche.

Mi madre organizó cuidadosamente la cena, invitando a algunos amigos (Fernando Sánchez Monge, Luis Pomar y su mujer y Juan Carlos Couceiro y la suya) y colocando una mesa con mantel de hilo y candelabros. Pero cometió un error estratégico al abrir demasiado pronto un vino excelente y de alta graduación.

Fue una cena que acabó saliendo en los periódicos. Puede que fuese la mezcla de vino y *whisky* la culpable, o quizá se había alcanzado ya un punto irreversible; el caso es que la conversación derivó hacia la Guerra Civil. Sender se fue acalorando y comenzó a subir cada vez más la voz. A tal punto llegó su excitación que acabó por levantarse y, mientras daba un puñetazo sobre el plato lleno de caldo gallego, acusó a gritos a los presentes de ser los culpables del asesinato de su mujer.

En las declaraciones que hizo días más tarde a los periódicos, Sender dijo que tuvo que sacar una pistola y amenazar con ella a los que asistían a la cena para poder huir. Yo, desde luego, no le vi nunca la famosa pistola; tampoco me parece que en el estado en que se encontraba la hubiera podido llegar a utilizar. Pero no se le puede echar en cara a un novelista que exagere un poco. Sea como fuere, lo cierto es que allí terminó la visita. A la mañana siguiente, tras un más que necesario sueño reparador, Fernando Sánchez Monge, muy discretamente, se llevó a Sender hasta el hotel Valparaíso, también en La Bonanova.

Con Miguel Angel Asturias las cosas transcurrieron de forma muy diferente. Detrás de su máscara de indio bonachón e inofensivo, que parecía sacada de algún personaje de sus novelas de la United Fruit, Miguel Angel Asturias era una de las personas con mayores reflejos intelectuales entre las que he llegado a conocer. De una manera implícita, sin hacer ni el más mínimo gesto, dejó bien establecido desde el primer momento que para un premio Nobel no existe el demonio de los celos literarios. Su papel frente a CJC fue más bien el contrario: el de un padre complacido por el genio y la personalidad de su retoño, que se vuelca intentando ayudarle. Me consta que Miguel Angel Asturias hizo todo lo que estuvo a su alcance para llamar la atención de los miembros de la

Academia sueca sobre CJC y, desde luego, hubiera sido el primero en felicitar de todo corazón a mi padre de haber llegado el momento.

Yo trabajaba en *Papeles de Son Armadans* cuando la revista le dedicó a Miguel Angel Asturias un número de homenaje, así que, además de verle en casa de mis padres, tuve ocasión de visitarle también varias veces, con Fernando Corugedo, cuando los Asturias pasaban unas largas vacaciones en un *bungalow* del hotel Punta Negra, cerca de la playa mallorquina de Palma Nova. Miguel Angel Asturias vivía un poco de milagro después de recuperarse de graves crisis de salud, y gracias a los estrictos cuidados que le proporcionaba su mujer, Blanca. Aunque no se encontraba bien, el novelista tenía un humor admirable y, pese al severo marcaje de Blanca, le seguían gustando mucho el vino y las mujeres. Como, por lo visto, el atractivo respecto al sexo opuesto era mutuo, hubo algunas escenas más divertidas que tensas entre Miguel Angel, sus admiradoras y Blanca, el ángel tutelar. Es de buena educación dejarlas en la penumbra.

Joan Miró

El otro gran personaje que vincularé siempre a aquellos primeros años en La Bonanova no estuvo hospedado en casa de mis padres. No le hacía falta alguna siendo, como era, vecino del barrio.

La casa de Joan Miró de Son Abrines, con el enorme estudio diseñado por Josep Lluis Sert, fue una de las primeras que se construyeron en las afueras de Palma, en la loma que mira hacia las playas de Illetas. Luego, durante los años sesenta y primeros setenta, aquello se acabó cubriendo de monstruosos hoteles anárquicamente distribuidos en un homenaje a la especulación del suelo y la corrupción municipal, pero cuando Joan Miró llegó a Son Abrines las cosas eran muy diferentes. Fue una verdadera lástima que el pintor no tuviera la precaución de comprar todo el terreno disponible en aquel entonces aunque, desde luego, no hubiera podido hacerse con todo el litoral de Poniente.

La relación entre Miró y CJC no fue cotidiana, pero sí mucho más intensa de lo que cabría suponer. Se trataba de un caso de mutuo respeto y admiración. En lo tocante a mi padre, había influido en él no poco el enorme aprecio que tenía Picasso por Miró y, por lo que hace a éste, debía proceder de una cierta envidia ante la manera que tiene mi padre de enfrentarse al mundo. Porque Joan Miró mostraba con un candor infantil, a todas horas, su enorme timidez. Era apenas capaz de contradecir a nadie, y sólo en muy concretas oportunidades; cuando se estaban diciendo tonterías acerca del arte en su presencia, se animaba a enrojecer y mirar con gesto ceñudo, que era la manera suya de mostrarse enfadado. A Joan Miró le encantaba ver a CJC abriéndose camino por la vida con la seguridad de un rompehielos durante la primavera boreal.

Hubo también un número de homenaje de _Papeles de Son Armadans_ a Joan Miró. En realidad fue el primero de todos esos números especiales y al pintor le hizo mucha ilusión que se dedicase a él. Pero quedaba pendiente un espinoso detalle. El número debía incluir una entrevista al pintor, y Joan Miró era el ejemplo perfecto de un personaje al que no se puede en forma alguna entrevistar. Ante cualquier pregunta, fuera la que fuese, se quedaba pensativo un buen rato y luego contestaba con un monosílabo, más bien inconcreto por lo general («¿Sí?», «¡Ah!», «Uf...»).

Pero cualquiera que lea la entrevista que le hizo CJC a Joan Miró en el número de homenaje de *Papeles* pensará que miento. Miró se muestra en ella comunicativo, ingenioso y hasta brillante. Cuando CJC le enseñó las pruebas de imprenta, el pintor se quedó maravillado y contentísimo. Es una entrevista excelente. Y puede serlo, porque tanto las preguntas como las respuestas son del propio CJC. Mi padre le interrogaba, esperaba un rato, le sugería por dónde salir y Miró, muy aliviado, decía que sí afirmando vehementemente con la cabeza. La fórmula resultó tan eficaz que Miró le pidió a mi padre que le echara una mano alguna que otra vez con otras entrevistas pendientes. No sé en qué quedaron al fin.

CAPÍTULO 8

VORAGINE LITERARIA
Y ALGO MAS

Breve etapa empresarial

Páginas atrás quedó ya claro que CJC ha dedicado mucho tiempo a explicar por qué no se puede decir lo que es una novela. Con las novelas sucede como con la mayoría de los conceptos domésticos como, por ejemplo, el de rico, pobre, flaco, gordo, calvo o peludo; resulta imposible marcar un límite que sirva de frontera, así que todo intento de ajustar una novela a un número mínimo de páginas está, ya de antemano, destinado al fracaso. En cuanto al tema, sucede algo parecido. ¿Acaso es menos novela el *Ulises* que *Los hermanos Karamazov?*

Pero esas sabias palabras no sirven de mucho consuelo cuando en el fondo del alma hay una especie de resquemor, una íntima convicción de que, en realidad, un libro como *Tobogán de hambrientos,* que mi padre publicó en el año mil novecientos sesenta y dos y fue recogido luego en un tomo de su obra completa que, sospechosamente, se titula «Los amigos y otra novela», no pasaba de ser un ramillete más o menos amplio de cuentos breves relacionados entre sí.

Después de salir *La catira,* mi padre pasó por un largo periodo de tiempo en el que la nueva novela que todos sus lectores esperaban, primero con ansiedad y luego con un poquito de morbo, no acababa por decidirse a ver la luz. En ese tiempo Camilo José Cela publicó toda suerte de libros, propios y ajenos, largos y cortos, divertidos y amargos, pero la novela se le escurría año tras año de entre las manos. CJC estaba seguro de que era así pero, aun cuando sospechaba que jamás habría de volver a escribir nada semejante a *La colmena,* se hubiera dejado torturar antes que reconocerlo en público. La nueva novela, oficialmente, era un proyecto en firme; lo que sucedía era que CJC estaba demasiado ocupado en otras cosas para ponerse a escribirla.

Esas «otras cosas» incluyeron la breve y tumultuosa etapa empresarial de mi padre. El absoluto convencimiento de CJC de que para sacar adelante cualquier proyecto basta con trabajar de firme, unido a sus dotes de organización (ajena, sobre todo), tenía que conducirle, pronto o tarde, a la aventura empresarial. Aun así, cuesta bastante trabajo entender cómo alguien pensó en un escritor bohemio, anárquico y de genio feroz para encargarle la dirección del Pueblo Español. El Pueblo Español de Palma, al igual que su homónimo de Barcelona, es un barrio en el que están representados los principales edificios del país, con fines de exhibición y explotación turística. Pero el de Palma había salido rana: por muchas vueltas que se le diera suponía, año tras año, un desastre económico. Tampoco su anexo, un Palacio de Congresos construido muy dentro del estilo propio del régimen de Franco, es decir, todo fachada y hueco volumen pero sin el menor sentido interior, era capaz de servir para nada. Mi padre quedó encargado, formando equipo con su amigo Joaquín Soler Serrano, de levantar esos dos agonizantes dinosaurios.

Algunas de las ideas que CJC aplicó al Pueblo Español mostraban una aguda intuición empresarial. Sugirió, por ejemplo, hacer del Pueblo algo vivo, con artesanos de todo tipo que residieran y trabajasen allí. Pero muy pronto se aburrió sumergido en un mar de pequeñas dificultades administrativas de todo tipo que eran, precisamente, las que habían hecho fracasar anteriores esfuerzos. No tardó en dejarlo.

Alfaguara

La editorial Alfaguara fue algo muy distinto porque en ese terreno CJC había sido cocinero antes que fraile. Largos años de discusiones con sus propios editores le habían llevado a darse cuenta de la mayor parte de las claves del negocio del libro. Jesús y Juan Huarte pusieron el capital necesario; mi padre, como *rex tremendae,* mi tío Juan Carlos como director gerente y mi tío Jorge como director literario, con muchos otros protagonistas, claro es, como José Antonio Vizcaíno o Rafael Borrás, compusieron eso que se suele llamar «el equipo humano». Y la empresa tiró adelante con el bello nombre que CJC, de inmediato, le asignó.

Alfaguara llegó a ser una editorial muy importante, con un premio que incorporó al universo literario español nombres como los de Jesús Torbado y Manuel Vicent. Hasta mantuvo una labor social y todo con la colección de la Novela Popular: un librito que salía a la calle cada quince días, muy barato y, eso sí, pobremente editado. Ahora, con el tiempo, sorprende que una colección capaz de reunir a los autores que publicaron en la Novela Popular (todos los que sonaban en el panorama literario español) fracasara. Quizá no era el momento oportuno. Para potenciarla se emplearon incluso modernas técnicas de *marketing;* una campaña de anuncios de radio dio, según los que la plantearon, grandes resultados porque las suscripciones subieron, en algunos casos, de forma espectacular. En Murcia, por ejemplo, se incrementaron en un cien por cien. Antes de la campaña había una suscripción a la Novela Popular; tras ella, dos.

La editorial Alfaguara contó con un arma de verdadero interés: la de Camilo José Cela como autor en exclusiva de la casa en unos años en los que cada libro del escritor significaba ya un éxito seguro. Algunos títulos como los del *Diccionario secreto* alcanzaron índices de venta sorprendentes para lo que era usual entonces. Pero es posible que esa baza decisiva encubriera también, a la manera de la dialéctica hegeliana, el germen de su ruina. Alfaguara había optado por un negocio completo, con departamento de distribución incluido, así que la editorial fue convirtiéndose poco a poco en una enorme estructura al servicio de un único autor. Por mucho éxito que tuviera éste, la fórmula no bastaba. Como CJC, además, fue siempre reacio a publicar *best-sellers,* y los libros de gran calidad como los de la colección Puerto Seguro tenían un ritmo de ventas muy poco vivo, no tardaron en surgir problemas comerciales y financieros. Pero la editorial Alfaguara tuvo, en lo que respecta a la labor creativa de CJC, un importante papel. Gracias a ella se animó por fin mi padre a escribir la tan esperada y tantas veces pospuesta novela.

San Camilo, 1936

La obra iba a ser una especie de primera parte de *La colmena,* un retrato de Madrid durante los primeros días del levantamiento franquista. Pero no se trataba en absoluto de una novela más sobre la Guerra Civil. Aun cuando los acontecimientos políticos constituían el telón de fondo del libro, la fórmula era mucho más sutil. Todos aquellos episodios dramáticos que ahora señalamos sin vacilación, los asesinatos del teniente Castillo y Calvo Sotelo, el alzamiento militar, la rebelión popular, el asalto al cuartel de La Montaña, tenían que figurar como un confuso eco en el que los rumores, las noticias y los bulos fueran mezclándose con los acontecimientos mucho más próximos y, por ende, más importantes, de la vida doméstica. Los personajes de *San Camilo, 1936* debían vivir sus personales angustias en medio de una ciudad que estaba a punto de hundirse en una de las mayores tragedias imaginables sin que ellos acertasen a darse cuenta de lo que estaba sucediendo.

CJC redactó bastante deprisa un buen número de páginas de su nueva novela y, cosa insólita, me las dejó leer para que le diera mi opinión. Nunca lo hubiera hecho. A lo largo de mi vida ha habido muy pocas veces en las que mi padre y yo hayamos tenido una pelea de verdad; aquella fue una de ellas y, probablemente, la de más alcance. Le di mi más sincera opinión y, desde entonces, jamás ha vuelto a dejarme ningún borrador de sus libros. Pero el enfado tuvo su parte positiva. Al ambiente y las anécdotas de los burdeles y las casas de citas de los últimos meses de la República CJC añadió la densa atmósfera del drama y la quiebra individual del protagonista, siempre oculto, de la novela. Lo habría hecho de todos modos. Lo que más le molestó, en realidad, fue precisamente que yo le dijera lo que él ya sospechaba, el que *San Camilo, 1936* no podía acabar siendo una especie de *Tobogán de hambrientos*.

Su venganza fue refinada y cruel. Me obligó a poner en orden el manuscrito de la novela, incluyendo todas sus diferentes versiones mecanografiadas y el maremágnum de notas, apuntes y esbozos. Para entender lo que significaba aquello hay que decir algo más acerca de la manera como escribe CJC.

Para redactar *San Camilo, 1936,* mi padre se encerró a cal y canto en su despacho más grande de la casa de La Bonanova, rodeado de periódicos, revistas, catálogos, prospectos y anuncios de la época en que iba a transcurrir la acción de su novela. Apenas salía de allí a nada más que comer y cenar, y ni siquiera siempre. Su cabeza estaba metida en el Madrid del comienzo de la Guerra Civil y toleraba muy mal que se le sacara de aquellos días tremendos a los que tenía que volver en un doble y difícil sentido: tanto histórica como emocionalmente. Pero algunos compromisos que había contraído de antemano (editoriales, casi todos) le obligaron a viajar alguna que otra vez, apenas protegido por la barrera de su mal humor. En esas ocasiones, o cuando se despertaba en medio de la noche, CJC cogía el primer papel que le quedara al alcance de la mano para anotar en él una frase, o una idea, o quizá solamente una palabra o dos de las que se le ocurrían en el momento. Así podía luego meterlas en la novela.

Ordenar todo ese material después, una vez publicado el libro, para reconstruir con fidelidad el manuscrito, fue una tarea digna de un semidiós griego. Me encontré con varias cajas de cartón repletas hasta los bordes de todo tipo de papeles abarrotados de notas: horarios de Iberia, trozos de periódicos, cajas de cerillas, tarjetas de visita de gente que jamás habría creído pasar así a la inmortalidad, etiquetas, invitaciones, pañuelos, saludas oficiales, besalamanos, sobres con y sin sello, recibos, circulares... A veces, con suerte, el texto anotado era largo y fácil de identificar si uno se había leído varias veces la novela. Pero en muchas ocasiones la cita era breve y no contenía clave alguna que permitiera sospechar en qué sitio habría terminado por colocarla mi padre. Teniendo en cuenta que existían varias versiones mecanografiadas y que no todo el texto escrito acabó incorporándose a la definitiva, es fácil comprender que en más de una ocasión suspiré al evocar la vida fácil y sin complicaciones de un ingeniero.

San Camilo, 1936 fue una novela que le costó un gran esfuerzo a CJC, pero tampoco mucho más que cualquiera de las otras. Un escritor como mi padre, que busca una vez y otra la palabra justa de cada frase y va desgranando el libro como si se tratara de un largo poema, puede perder todo un día en el remate de una solitaria página. En cuanto superó la barrera psicológica de haberse metido, por fin, dentro de la novela ansiada y siempre pospuesta, el ritmo de *San Camilo, 1936* fue similar al de otras obras anteriores. Tampoco resultó excepcional el hacer sucesivas y diferentes versiones; con *La colmena* ya había pasado algo parecido. Las mayores dificultades aparecieron cuando CJC decidió renunciar a la fórmula fácil de sus cuentos costumbristas *(Los viejos amigos, Tobogán de hambrientos)*, a esa retahíla de nombres y disparates que nadie como él ha sabido enhebrar. Con *San Camilo, 1936* CJC hacía equilibrios sin una red protectora. Debió gustarle. Las siguientes novelas, *Oficio de tinieblas, Mazurca para dos muertos* y *Cristo versus Arizona* fueron todas ellas unos saltos mortales en los que el escritor renunciaba, cada vez, a las ventajas de lo conocido.

Algo acerca de la ideología del escritor

La crítica acogió la nueva novela de Camilo José Cela con división de opiniones. Se alababa la maestría del lenguaje y, en algunos casos, el recurso literario de la mirada hacia dentro. Pero hubo no pocas reticencias acerca de la carga ideológica del libro. *San Camilo, 1936* era una novela metida en la Guerra Civil, pero ajena al contenido político de cualquiera de los dos bandos contendientes. De una forma deliberada, el héroe no era nadie. Creo que la España de entonces, de mil novecientos sesenta y nueve, no podía entender un planteamiento de ese tipo porque CJC se adelantaba a su tiempo histórico vaciando de pasión ideológica la contienda. El individuo en su más extrema forma, un individuo al que jamás se nombra y que permanece ajeno a las pasiones políticas, era el protagonista del libro. Algo difícil de digerir cuando estábamos acostumbrados a mirar hacia atrás en términos de clases sociales, asignando de manera global los respectivos papeles de buenos y malos. Yo, la verdad sea dicha, he tardado en comprender el sentido ideológico de la novela. En aquel entonces me cegaba el vivir bajo un régimen tan anómalo como el de Franco y consideraba del todo injusta la sentencia que mi padre me dedicó para ver si llegaba a aclararme.

—No le des más vueltas, hijo. Lo más parecido que hay a un tonto de derechas, es un tonto de izquierdas.

En el fondo he sentido que el tiempo se haya encargado de darle tan rápidamente la razón.

Pero sería un error creer que *San Camilo, 1936* es un libro «apolítico». El mensaje está muy claro, casi en cada una de sus páginas, a disposición de quien quiera entenderlo. Los críticos sagaces se apresuraron a identificar al protagonista anónimo de la novela con el propio CJC y, por ende, con su particular postura política. Pero ésa es solamente una verdad a medias y, como todas las medias verdades, acaba siendo una completa equivocación.

En realidad la adscripción ideológica de CJC es uno de los misterios que el escritor ha sabido guardar mejor. Algunas de sus claves son tan evidentes como banales: su desprecio por la política como ejercicio profesional, su extremo individualismo, su conversión a la monarquía. Con mayor o menor carga en los tintes, ése es el retrato tópico de casi cualquier español actual. Hay que hilar más fino si se quiere obtener algún resultado, buceando en sus declaraciones, en sus amores y, sobre todo, en sus peleas. Pero nos encontramos a menudo con datos que no cuadran, con apuntes que componen a la postre un paisaje difícil de interpretar. El espíritu de contradicción de CJC, desarrollado hasta los límites del nirvana, le permite ser un fervoroso machista delante de cualquier militante del feminismo («se equivoca, señorita», le dijo en una ocasión a una reportera indignada, «yo soy machista-leninista»), un feroz reaccionario ante los líderes de los sindicatos, un peligroso ácrata en cualquier acto más o menos oficial y un rojo blasfemo y despreciable para las familias bienpensantes que quedan todavía en el país.

CJC está muy al tanto de ese caótico panorama. En una de las contadísimas ocasiones en las que ha asistido a algún coloquio, el escritor le paró los pies a un erudito coleccionista de sus artículos que se quejaba de encontrar en ellos posturas contrapuestas. «No querrá usted que yo sea consecuente con mis propias opiniones», protestó CJC, cargado de su irrebatible lógica. Sería inútil, desde luego, pretenderlo.

Literatura variada

Puede que fuera la presión de su aventura editorial, o quizá se tratase del alivio de haber sacado por fin una nueva e importante novela; en cualquier caso, mi padre entró por aquellos años en una etapa de fértil producción literaria. Apenas dejó escapar ningún género a su segura fórmula de diez horas diarias de trabajo, sin excusa ni pretexto. Desde el ensayo *(Al servicio de algo)* a la novela *(Oficio de tinieblas);* desde el libro de viajes *(Viaje al Pirineo de Lérida)* a la literatura costumbrista *(Nuevas escenas matritenses)*; desde el cuento largo *(La familia del héroe)* a la adaptación (*La resistible ascensión de Arturo Ui,* de Bertolt Brecht), resulta difícil encontrar un hueco que no llenara CJC por aquel entonces. Teatro *(El carro de heno),* edición modernizada de clásicos *(La celestina),* ópera *(María Sabina),* versos festivos *(Viaje a U.S.A.),* cine (los diálogos de *Lenny).* Todo lo abarcó con su portentosa capacidad de trabajo.

Algunas de esas vorágines literarias tuvieron su faceta social. *María Sabina,* por ejemplo, se estrenó ante dos mil personas en el Carnegie Hall de Nueva York, con música de Leonardo Balada, en la primavera del año de mil novecientos setenta (el viernes día diecisiete de abril, por más señas). Guy Bueno mandó una crónica de la función, haciéndose eco de las palabras elogiosas del *The New York Times,* que se publicó en numerosos diarios de España. Pero luego, en el estreno español del jueves día veintiocho de mayo del mismo año, en el madrileño Teatro de la Zarzuela, las cosas transcurrieron de forma levemente distinta.

La sala estaba también llena, pero el respetable público se tomó muy a mal la ópera, que estaba muy lejos, desde luego, de *La bohème.* Las señoras de traje largo,

los caballeros de esmoquin y algún que otro jovencito
de bufanda y abrigo patearon a rabiar, interrumpiendo
la función, mientras mi padre, siempre cortés, se ponía de pie en la platea más cercana al escenario y, son-
riente, saludaba con grandes reverencias. La gente, al
ver su reacción, redoblaba los pateos y los rugidos. Recuerdo en especial el de una de las señoras que gritaba,
sofocada de ira pero sin apear el tratamiento, «¡Más
respeto, señor Cela!» Mi padre continuó levantado, im-
perturbable y saludando con la mano, hasta que el pateo murió por agotamiento. Yo siempre había tenido
cierta aversión a la ópera, una fobia un tanto injustifi-
cada si se tiene en cuenta que sólo he ido a ver un espectáculo así un par de veces en toda mi vida, pero
acabé lo que se dice fascinado. En mi primera ópera,
con motivo de la representación de *Aida,* en Palma durante mi infancia, un dromedario que habían puesto
en el escenario para dar ambiente al asunto se puso ines-
peradamente a mear. El chorro interminable acabó
inundando la concha del apuntador, que tuvo que salir a la carrera, mientras tenores, *mezzos,* barítonos, so-
pranos y coro intentaban, sin éxito, empujar al bicho
hacia los bastidores. Entre aquella *Aida* y la *María Sabina* de Madrid he acabado por reconciliarme del todo
con esos acontecimientos sociales.

Los diarios, al reseñar el estreno madrileño de *María Sabina,* hablaron de «división de opiniones». Se conoce que ya entonces el nombre de Camilo José Cela
imponía demasiado como para referirse pura y simplemente al pateo. Algún crítico, como el del diario *Madrid,* vinculado, según es sabido, al Opus Dei, se atrevió a indicar tímidamente lo siguiente: «No fue, a nuestro juicio, un acierto la selección de obras españolas para
este VII Festival de Opera madrileño.» Hubo también

una voz claramente hostil: la del cronista del *ABC,* que se permitió ironizar sobre el texto de la ópera. CJC envió de inmediato al diario una respuesta que reproduzco textualmente en la medida en que representa un hecho insólito. Creo haber advertido antes que el escritor jamás responde a las críticas; he aquí la excepción:

Señor director de ABC:

Me refiero a la reseña que el crítico musical suplente de ABC *hace de mi tragifonía «María Sabina» en el número de hoy de tu periódico. Nada he de objetar, claro es, a su juicio por dos razones: una substantiva —el respeto que profeso a la crítica, al margen de suplencias, calidades o intenciones— y adjetiva la otra —el principio, al que me debo, de no contestar jamás a nada que pueda referirse a mi labor profesional.*

Sin embargo, no quisiera silenciar algo que, por serme ajeno, no debo dejar sin réplica. Vuestro crítico musical suplente asegura que en mi texto «previamente había entrado implacable la censura». Es falso. La censura no tachó una sola línea de mi poema, como puedes ver en el ejemplar que te envío adjunto. Los cortes, en función del acoplamiento del texto a la partitura y de la partitura al texto, los decidimos Leonardo Balada y yo después de haber pasado todos los trámites administrativos, por nuestra propia y exclusiva conveniencia y sin intervención —que no hubiéramos admitido— de la censura ni de nadie. Porque te sé amigo de la verdad me permito enviarte estas breves palabras, que dejan las cosas en su sitio.

Paso por alto el tono peyorativo, por el contexto, que emplea vuestro crítico musical suplente para recordar que soy académico de la Lengua —designación que me honra—, y no deja de causarme extrañeza que en tu periódico deis cabida a esas frivolidades, cuando no son pocos los académicos

que a él se sienten ligados y no menos los aspirantes a aca-
démicos que en él —y a cualquier título— trabajáis.

Sólo me resta añadir que no entiendo a qué rincón de
mi fisiología se refiere vuestro crítico musical suplente al aludir
a los «mismísimos repliegues de donde ellos (entre los que
me incluye) quieran». Este lenguaje erótico vergonzante siem-
pre ha sido un arcano para mí.

Te agradecería que, si lo entiendes oportuno, dieras ca-
bida a esta carta en tu sección de teatro y en el mismo sitio
en que vuestro crítico musical suplente publicó sus ejercicios.

Un abrazo de tu compañero y buen amigo,
Camilo José Cela.

La carta me parece lo bastante explícita como para
añadir más que un único comentario, tan obvio que
hubiera podido ahorrármelo: CJC no cita jamás, suceda lo que suceda, sin excepciones de ningún tipo, el
nombre de sus enemigos. Se trata de una estrategia
calculada y no de una simple superstición. El «crítico
musical suplente» no pasará a la historia, desde luego,
gracias a la réplica de CJC.

Otros pateos

Además de aquel histórico de *María Sabina* en el Teatro de la Zarzuela, el distinguido público ha dedicado
a CJC tres pateos más, que recuerdan las crónicas. Cuatro broncas en total, a lo largo de más de medio siglo
de vida pública, no son muchas; menos aún si se tiene
en cuenta que las tres primeras ocurrieron en muy temprana época.

El primer pateo lo recibió Camilo José Cela en el
teatro Lara, en el año mil novecientos cuarenta y nueve,

durante la sesión inaugural de _Alforjas para la poesía_ a la que ya se ha hecho alusión al hablar de los problemas de mi padre con la censura. Como el propio CJC reconoce, tuvo mala suerte; le tocó actuar después de un muy sentido recital del poeta Fernández Ardavín y, lo que fue todavía peor, mi padre había elegido para la ocasión unos versos que comenzaban así:

> _Yo, señores, soy un pobre y pequeño cabrito_
> _aterido de frío que se rasca_
> _los pliegues del vientre con cierta lentitud_
> _e incluso parsimonia_

Quizás el respetable auditorio se tomase al pie de la letra lo del cabrito o puede que, en un mundo en el que imperaban ya las prisas, no hubiera mucho tiempo para rascarse los pliegues de manera tan indolente. Sea como fuere, el público se puso a patear de manera tan fervorosa que a CJC le resultó imposible dar fin a su poema.

La segunda bronca, meses más tarde, tuvo un escenario mucho más campestre y popular. El de una plaza de toros de las llamadas «abiertas y sin enfermería»; un coso taurino de aquellos que se improvisaban cerrando la plaza del pueblo, alrededor del pilón, con carros y talanqueras. En tres de esas plazas de pueblo, las de Hoyo de Pinares, Las Navas del Marqués y Cebreros, se desarrolló la carrera de Camilo José Cela como matador de reses bravas. Lo de matador debe tomarse en un sentido figurado; mi padre, por mucha voluntad y empeño que le echó a lo del estoque, no consiguió despachar ninguno de los tres erales que le cayeron en suerte, o en desgracia, vaya usted a saber. En los tres casos, con una regularidad digna de ser resaltada, a los becerros tuvo que matarlos, a tiros, la Guardia Civil.

CJC tuvo entre sus amigos a algunos toreros importantes: Domingo Ortega, los Bienvenida, Luis Miguel Dominguín. Puede que fuera ese ejemplo el que le animó a probar fortuna en la arena, anunciándose con su propio nombre y sin seudónimo, como un ejemplo más de la confianza que guarda CJC respecto de sus propias fuerzas. Pero apenas le dio tiempo de mostrar sus habilidades taurinas; la corrida de Cebreros acabó con las más remotas posibilidades de que llegase a tomar la alternativa.

Mi padre dice que la culpa fue, por completo, del becerro, «un morucho asqueroso que en vez de ir a la muleta iba a la ingle». En la primera embestida el animal enganchó a CJC por el sobaco y lo tiró por los aires. Animado por el éxito, el animal decidió entrar al bulto por segunda vez y le dio un enorme topetazo a mi padre en plena tripa; algo sin duda excesivo incluso para un asiduo de *Alforjas para la poesía*. A la hora del tercer envite, CJC estaba ya preparado. Dejó que el bicho se arrancara y, en lugar de esperarle con los pies quietos, como mandan los cánones, cuando el becerro llegaba a su altura mi padre pegó un salto hacia atrás a la vez que le metía una estocada a traición en pleno vientre. Pero el animal, al sentirse herido, se revolvió y enganchó de nuevo a CJC en un lío de piernas, astas, muleta y estoque. En la plaza se armó, como suele decirse, la de Dios.

A Camilo José Cela aquella corrida le sirvió al menos para escribir un cuento: el que da título al libro de apuntes carpetovetónicos *El Gallego y su cuadrilla*. Los recursos estilísticos de que dispone todo escritor le permitieron cambiar no poco la historia. El torero, en el relato, acaba muriendo en la plaza; es un final bastante más literario que aquel otro que tuvo lugar en la realidad.

El tercer y último pateo (hasta que se estrenó *María Sabina*) pertenece también al mundo del espectáculo y se refiere a otra de las facetas profesionales de mi padre: la de actor de cine. Camilo José Cela ha hecho cinco películas, con papeles de diversa importancia. En la primera de ellas, que se estrenó en enero de mil novecientos cincuenta, poco después de que se cerrara su etapa torera, mi padre hacía de «físico escéptico» aficionado al ajedrez en *El sótano*, de Jaime de Mayora. Luego representó los papeles de «joven profesor universitario» en *Facultad de Letras*, de José María Elorrieta; de «loco peligroso» en *Manicomio*, de Fernando Fernán Gómez; de «inventor de palabras» en *La colmena*, de Mario Camus y de sí mismo, es decir, de Camilo José Cela, en *El cipote de Archidona*, de Tito Fernández. Estas dos últimas esconden una trampa: a CJC lo contrataron por motivos absolutamente ajenos a su valía como actor. Pero las tres primeras tienen su mérito. En *Manicomio*, por ejemplo, los encargados del *casting* se llegaron hasta la casa de mi padre de Ríos Rosas, a ver si estaba disponible.

—Es que, ¿sabe usted?, necesitábamos un actor que comiera yerba y diera coces y hemos pensado en usted.

Es una lástima que se hayan perdido las copias de todas esas películas, porque se podría comprobar lo bien que comía yerba y daba coces CJC en aquellos años. Tan bien que en el rodaje de *Manicomio*, durante la primera toma, le dio semejante patada a una de las figurantas que hubo que llevarla al hospital. Su sustituta tuvo mayor suerte, o mejores reflejos, y es la que acaba saliendo en el *film*.

Muchos de los compañeros de reparto de Camilo

José Cela de esas primeras películas ganaron luego merecida fama: María Bru, Maruja Asquerino, Jesús Tordesillas, Eduardo Fajardo, Lola Gaos o el propio Fernando Fernán Gómez. Pero fue nuevamente el respetable público el que cortó de raíz la posible gloria artística de CJC. Durante el estreno de *El sótano* en el cine Coliseum de la Gran Vía de Madrid, las protestas subrayaron especialmente la actuación de mi padre. Cómo sería la cosa que CJC acabó publicando en *Arriba* un artículo sobre los tres pateos que, en el transcurso de muy pocos meses, le habían dedicado. El general Millán Astray, al leerlo, le escribió una carta «de legionario a legionario» dándole ánimos. Según decía Millán Astray, el público está siempre lleno de cabritos que, «en esencia, presencia y potencia», acaban siendo cabrones:

> «*como tú sabes no quiere decir que su mujer les sea infiel, ni mucho menos (…). Algo así sucede con los "hijos de puta". Que sus madres son unas santas, y ellos, no obstante, son unos redomadísimos "hijos de puta"*».

Millán Astray terminaba su carta con un pronóstico: a mi padre le esperaba, a juicio del general, la gloria. Pero el manco, tuerto y mil veces herido legionario se murió antes de poder ver lo certero de su augurio. Y mi padre debió olvidarse, por fortuna, de su carta. No quiero ni imaginarme lo que hubiera podido suceder si le da por citar a Millán Astray y sus teorías acerca del público en general cuando el pateo de *María Sabina* en el Teatro de la Zarzuela.

El *Diccionario secreto*

A la variedad literaria abordada por Camilo José Cela en aquella época en que dirigió la editorial Alfaguara hay que añadir todavía un nuevo género, inaugurado por mi padre: el de la erudición subterránea o, si se prefiere, el de la sabiduría malsonante. Un género, por otra parte, bien notorio, porque los libros de mayor éxito entre todos los que publicó la editorial fueron, sin lugar a dudas, los del *Diccionario secreto*.

Fiel a su doble condición de académico y fervoroso defensor del habla popular, mi padre acometió en el *Diccionario secreto* la tarea de «reunir y estudiar con los respetos debidos algunas de esas voces condenadas por razones socialmente admisibles, sin duda, pero en todo caso extracientíficas, y que, en buena teoría del lenguaje, debieron haber sido acreedoras a más risueña suerte de la que corrieron».

El primer tomo del *Diccionario secreto*, publicado en el año mil novecientos sesenta y ocho, tiene trescientas cincuenta páginas, con casi treinta de fuentes y bibliografía, y está dedicado a las palabras derivadas de la raíz latina *coleo* y sus afines. Desde «cojón», «cojonudo» y «acojonar», a voces más ocultas, como «monario», que es como llama Samaniego a los testículos, o «matate», que viene del náhuatl y significa, también, cojón. El segundo tomo, que salió tres años más tarde, es todavía mayor. Seiscientas ochenta páginas con una *addenda* de cuarenta y una páginas a la bibliografía del tomo anterior, acerca de todo aquello relacionado con *pis*: «pijo», «picha», «carajo», «fierabrasa», «pito», «agarejo»... Tamaño alarde de erudición me hubiera llevado a sospechar acerca de las morcillas que pudieran deberse a una capacidad imaginativa tan fértil como la de mi padre, pero lo cierto es que el *Diccionario secreto* no contiene trampas ni cartones. Un equipo de colaboradores vació a fondo lo más granado de la literatura española en busca de palabras condenadas, metáforas y eufemismos; el propio CJC, después, repasó, modificó y dio forma final a todas y cada una de las fichas. Aún se conservan en la casa de La Bonanova los cajones y archivos repletos de papeletas de todo tipo: las que se usaron y las que corresponden a otros tomos, como el de *cunnus*, que nunca llegaron a ver la luz.

A bote pronto no parece tener mucho sentido que unos volúmenes tan sesudos y eruditos pudieran acabar teniendo semejante éxito popular. Entre las precisiones sabias, la teoría del lenguaje y las abreviaturas, el *Diccionario secreto* es obra incluso difícil de leer. Pero contiene numerosas citas y ejemplos; en ellos está la razón de su larga venta. Los versos desgarrados, festivos y procaces de Cervantes, de Lope de Vega, de Espronceda, de Samaniego, de Moratín, de Quevedo, de Ventura de la Vega y de tantos otros autores, clásicos y contemporáneos, formaban un divertidísimo panel en defensa de unas palabras que no solían superar el obstáculo de la censura. Mucha gente pudo comprobar allí la larga tradición literaria de expresiones a las que la gazmoñería de la época había relegado a la condición de lenguaje proscrito. Pero ni siquiera esa retahíla de autoridades pudo evitar que el *Diccionario secreto* apuntalase la fama de tremendo malhablado de CJC, haciendo crecer todavía más su ya por aquel entonces enorme popularidad.

La universidad

Los trabajos de filología oculta abundaron en una faceta de CJC a la que ya se ha hecho referencia: la de su amor hacia la erudipausia. El *Diccionario secreto* era perfecto para tales menesteres. Se trataba de una obra con una carga erudita de gran peso, cuajada de abreviaturas técnicas y términos científicos aunque dedicada, eso sí, a un tema un tanto inhabitual. Su éxito supuso la definitiva reconciliación de CJC con el mundo de las investigaciones académicas, es decir, con la torre de marfil de la universidad.

El paso de CJC por la universidad, cuando sus estudios, no puede calificarse en forma alguna de brillante. Tal como gusta decir mi padre, consiguió pasar cinco o seis años en un par de facultades sin que lograran licenciarle en nada. Y eso que durante la posguerra bastaba con mostrar la condición de excombatiente para hacerse con el aprobado.

Gracias a la Guerra Civil ingresó mi padre en las aulas universitarias. El examen consistía en la redacción libre de un viaje, pero antes de salir las notas se hizo público que los que hubieran estado en la guerra obtenían el pase de oficio. «Ha tenido usted suerte», le dijo a mi padre el profesor de Santiago de Compostela que le examinaba, un señor de barba muy serio cuyo nombre ha olvidado ya CJC; «con la narración que ha escrito usted, difícilmente hubiera aprobado». Supongo que no será necesario indicar que pocos años después iba a aparecer el *Viaje a la Alcarria*.

Pero si Camilo José Cela pasó por los cursos de Derecho y de Filosofía y Letras sin pena ni gloria, lo compensó luego por otro camino muy diferente. Si no recuerdo mal ha sido nombrado doctor *honoris causa* por las universidades de Syracuse (Nueva York), Birmingham, John Fitzgerald Kennedy de Buenos Aires, Palma de Mallorca, Santiago de Compostela, Interamericana de San Juan de Puerto Rico y Hebrea de Jerusalén. La Universidad Católica de Santiago de Chile le ofre-

ció también el título, pero CJC lo rehusó en protesta
por el golpe de Estado del general Pinochet.

Gracias a Antonio Roig, el mismo rector que le había dado a CJC el doctorado *honoris causa*, y a Luis González Seara, ministro que se ocupaba a la sazón de las
universidades, mi padre fue nombrado también cate-
drático de «Literatura y Geografía Popular» de la Universidad de Palma de Mallorca. Roig supo aprovechar
muy bien un decreto del Ministerio que establecía la
incorporación a los claustros de las universidades, me-
diante procedimiento extraordinario, de ciertas personas que habían demostrado contar con excepcionales
méritos. Madrid daba su visto bueno a los candidatos,
y luego la junta de gobierno de la universidad en cuestión realizaba la solicitud formal. Pero el Ministerio jamás está al tanto de lo que se cuece en los órganos de
gobierno universitarios y, al menos por lo que hace a
Palma, la cosa estuvo a punto de acabar como el rosa-
rio de la aurora. A lo largo de una sesión tumultuosa,
el otro candidato de los previstos por el Ministerio, Manuel Tuñón de Lara, fue rechazado por los ilustres
miembros de la junta. El episodio, como es natural, se
publicó en toda la prensa del país. Mi padre salió mejor parado, eso sí, pero lo que se dice por los pelos, con
los votos en contra de la derecha e izquierda más cerril
(Opus Dei y abertzales) y del centro más corporativista
(catedráticos que no estaban dispuestos a aceptar a nadie que se hubiera saltado la reglamentaria barrera de
la oposición).

Años más tarde, ya como decano de Letras, intenté
arreglar algo aquel desaguisado ofreciendo a Tuñón de
Lara el doctorado *honoris causa* como simbólica repara-
ción por las ofensas que se le habían infligido sin que
él, por su parte, hubiera solicitado ni lo más mínimo

de la Universidad de Palma. No debían haber cambiado mucho los ánimos políticos de la junta de gobierno, porque costó gran trabajo arañar los votos necesarios. Rafael Alberti, que iba también como candidato a idénticos honores entre las propuestas de nuestra facultad, fue rechazado del todo en una votación orientativa que solicité con el fin de ahorrarle inútiles humillaciones. Ya ha pasado suficiente tiempo como para que pueda decirse sin que, según espero, le parezca mal.

CJC impartió durante varios años las clases de doctorado, llevándose a los alumnos a la biblioteca de su casa de La Bonanova, mucho mejor dotada que la de la universidad. Los que pasaron por su insólita y divertida docencia recuerdan con cariño aquellas clases. Una vez que alcanzó la edad de la jubilación, CJC tuvo que cerrar las puertas al alumnado. Antonio Roig no era ya rector y, pese a los deseos del departamento de Filología Española, la Universidad, en otras manos, no movió ni el menor dedo para conseguir que mi padre fuese habilitado como profesor emérito. Le concedió, eso sí, al igual que al resto de los catedráticos jubilados, la medalla de plata del claustro académico. Fue un alarde de generosidad. La de bronce hubiera bastado para cubrir el expediente.

Vicios y virtudes

La actividad docente de Camilo José Cela le proporcionó grandes alegrías, pero no es una de sus facetas más divulgadas. La imagen pública de mi padre va, desde luego, por otros derroteros. Por aquellos que le han convertido en un escritor muy popular.

Cada vez que se hace una encuesta destinada a ave-

Al irme de casa mi
padre convirtió mi
cuarto en otro
despacho suyo; no
tardó en tenerlo
completo de cosas.

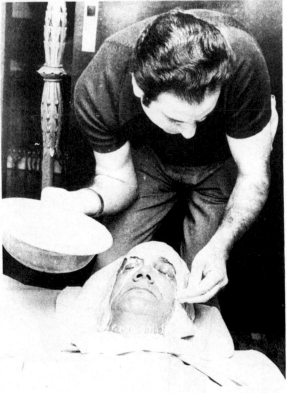

Servidumbres de la
fama: a uno le
hacen una
mascarilla para
algún que otro
museo de cera.
CJC aprovechó la
ocasión para
quedarse dormido.

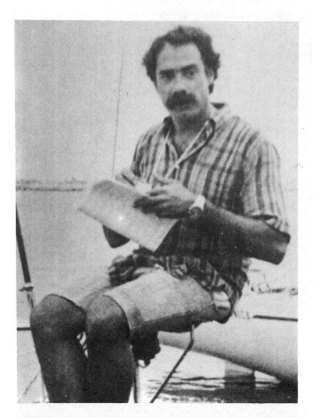

Otra faceta poco conocida de CJC es la de armador de barcos de regata. Heme aquí a bordo del *Iria*, el velero de CJC en cuya tripulación estuve enrolado durante la Copa del Mundo de 3/4 Ton en el año 1982. Corramos un tupido velo sobre el lugar en el que quedamos clasificados.

Con Arranz Bravo y Bartolozzi cuando éstos andaban pintando Ca'n Olivé, la casa que compró CJC para evitar que los libros de su biblioteca hundieran la de Francisco Vidal 71, en La Bonanova.

CJC aprovechó los espacios inútiles de Ca'n Olivé (es decir, toda la casa excepto las paredes) para poner alguna que otra nota exótica. Como la de un billar capaz de recordarle los viejos tiempos de las noches madrileñas.

Un ademán característico de CJC, sujetándose las gafas. Hay quien ve en el gesto una miaja de cachondeo.

Con el Rey, en la Lonja de Palma, durante la exposición de homenaje a Joan Miró en 1980.

Con Olof Palme, Aranguren y Cebrián.

De actor en *La colmena* de Mario Camus. El detalle del botón de luto en la solapa
ue una idea de CJC.

Con Angel Amondaray y yo mismo, durante el rodaje de la serie de televisión *El
ombre y el mar.*

Cuando CJC repiti
su *Viaje a la
Alcarria*, no tomó
el tren ni continuó
a pie. Le llevó, en
un Rolls Royce
blanco, Oteliña, la
choferesa de piel
negra como la pez

La bodega de La
Bonanova estaba
mejor surtida antes
de que los
regímenes severos
de adelgazamiento
quitaran a mi padre
treinta y pico kilos
CJC también ponía
antes una cara más
alegre, desde luego

¡Echate un pulso, Flannagan!

La familia en la actualidad, delante del hórreo que hizo traer CJC desde Galicia, en camión, para su jardín de La Bonanova.

No es nada fácil sorprender a CJC con un niño en brazos. Habrá que precisar que se trata de su única nieta que, para más inri, se llama Camila...

Camilo José Cela, r...
padre, es el de
izquierda

riguar quién es el autor más conocido en España (tanto
Interviú como *Cambio 16* publicaron varias hace pocos
años), CJC consigue unas cifras espectaculares. Gran
parte de esa popularidad tiene que ver con la faceta es-
catológica que recibió bendiciones oficiales en el *Diccionario secreto*. Su devoción por la forma de hablar del
pueblo llano, al margen de eufemismos y melindres, le
han hecho ganar fama de persona «mal hablada» y todo
el mundo cree que mi padre salpica su conversación
a cada instante de palabras y expresiones *non sanctas*.
Quizá por eso quienes llegan a tratarle más de cerca
se sorprenden al comprobar lo contrario. CJC hace por
lo general gala de una educación exquisita; la mano de
su madre inglesa se nota a la perfección en lo tocante
a sus modales. Lo que pasa es que alguna que otra vez,
de tarde en tarde, a mi padre se le suelta la vena terro-
rista y hace alguna de las suyas. Por lo general suele
escoger los momentos más delicados; precisamente
aquellos en los que la mayoría de las personas se enco-
gen y palidecen tras una barrera de timidez. Cuando
sale por televisión, por ejemplo. O durante un banquete
público lleno de gente. O puede que en el transcurso
de una conferencia en la que, vaya por Dios, resulta
ser él el orador.

Esos episodios esporádicos han cimentado la fama
dc CJC. Todo el mundo recuerda sus intervenciones en
los programas de televisión de Mercedes Milá y Gurruchaga, cuando CJC, muy serio, aseguró ser capaz
de absorber por el culo varios litros de agua (habilidad,
por cierto, que procede de Le Pétomane, el pedómano
francés que asombró a la sociedad modernista con su
confrol del esfínter; CJC, que publicó, traducido por
mi tía Ana, el libro del pedómano, no pudo resistir la
tentación de atribuirse tales méritos). Tanto Milá como

Gurruchaga mantuvieron un divertido y tenso pulso al desafiar a mi padre a que mostrase en público ese arte. Pero, ¡ay!, CJC, sin apenas mudar el gesto, pidió una palangana llena de agua tibia y allí se acabó la historia. Nuestra televisión no tiene la madurez necesaria para ir más lejos.

Famoso es también el episodio del cipote de Archidona, que es una muestra digna donde la haya de cómo la realidad acaba superando los mayores sueños de la mente. La correspondencia que mantuvieron al respecto Alfonso Canales y mi padre circuló por medio de fotocopias que acabaron siendo un puro borrón, hasta que se recogió en un libro. Esa historia terminó por inspirar una película de la llamada época «aperturista», a caballo de la muerte del general Franco. El lector interesado por las efusiones amorosas de los novios de Archidona y su desgraciado final puede encontrar fácilmente tanto en el libro como en la película la documentación precisa.

Hay otros episodios que, no por menos conocidos, dejan de ser válidos también para ilustrar el desprecio que siente a menudo el escritor por las reglas establecidas. Uno de los que yo personalmente más aprecio, por la sutil broma que contiene, apenas ha circulado. Resulta, pues, una primicia, pero me permitiré eludir por un momento el carácter de crónica exacta de este libro ocultando sus principales detalles. Lo contrario sería una crueldad. El hecho tuvo lugar durante un banquete de cierto protocolo, en el que habían sentado a CJC al lado de una señora muy conocida de la localidad en cuestión. Durante toda la noche el escritor fue aguantando, en contra de su costumbre, una conversación banal sobre esos temas que suelen llamarse «de sociedad». Cuando mi padre ya no pudo más, aprovechando un instante de esos en los que según los españoles pasa un ángel y, según los ingleses, nace un niño pobre, es decir, un momento en el que todo el mundo enmudece a la vez, CJC dejó salir un pedo tremendo. El silencio se convirtió en sepulcral. Entonces, muy despacio, CJC se volvió hacia su horrorizada vecina de mesa y en voz baja, pero no lo suficiente como para que no le oyera todo el mundo, le dijo:

—No se preocupe, señora. Diremos que he sido yo.

Algunas de las hazañas de CJC han conseguido dar la vuelta a todo el país en un tiempo muy breve gracias a la ayuda de esos todopoderosos ecos del chisme y el rumor en que han acabado por convertirse algunos diarios y revistas. Como CJC no rectifica jamás, como ya se ha dicho, ninguna información que se dé sobre él, ni las justas ni las equivocadas, y tiene a gala no contestar nunca a las críticas, la gente suele tomar su silencio por complacencia. Pero también es justo reconocer que detrás de casi todas las historias divertidas y tremendas que circulan acerca de CJC existe como mínimo una semilla de verdad; luego, al circular y extenderse, la anécdota pierde precisión y gana enjundia.

Bueno será dar ahora la versión exacta de alguna que otra de esas leyendas.

Las hay del todo falsas, como la del discurso del padre Xirinacs, cuando mi padre y él coincidieron como senadores en las Cortes Constituyentes. Desde el punto de vista ideológico, Xirinacs y CJC estaban lo que se dice en las antípodas, pero mi padre es un ferviente defensor de las causas perdidas y se ha sentido siempre atraído por quienes sostienen su forma de pensar contra viento y marea, así que no resulta raro el que ambos congeniaran. Xirinacs no consiguió nunca que el académico le apoyase en sus iniciativas pero, aun así, tampoco dejó de intentarlo con la candidez que da la fe en las propias ideas. A CJC le costó mucho que Xirinacs entendiera, por ejemplo, que un gallego de Padrón no puede defender el matrimonio entre personas del mismo sexo sin que lo tiren al Ulla (o al Sar) a la primera de cambio. Pero la relación entre ambos era, como digo, exquisita, y no justifica demasiado la historia que publicó, sin motivo alguno para el equívoco, una revista madrileña.

Fue el semanario *Cambio 16* el que contó que, mientras Xirinacs pronunciaba uno de sus encendidos discursos en el Senado, mi padre echó un tremendo eructo que hizo callar al orador y a toda la sala. En medio del silencio más absoluto, de aquellos tan espesos que pueden cortarse con un cuchillo, CJC, con su voz profunda y estentórea, dijo entonces:

—Prosiga el mosén.

Insisto en que el episodio es del todo apócrifo y no resiste la más mínima comprobación científica. Cualquiera que haya estado en la sala de plenos del caserón de la Plaza de la Marina Española tendrá que reconocer que para interrumpir un discurso a eructos haría falta una capacidad de regüeldo heroica, del todo excepcional. Tanto más cuanto la historia, al ir circulando, cambió pronto el conducto de evacuación de los aires cautivos, pasando del sonoro eructo al pedo atronador.

CJC senador

Pero de la misma forma que se rechazan los bulos sin sentido se debe dar cumplida fe de los hechos auténticos; lo cierto es que el paso de CJC por el Senado fue de los que dejan recuerdo.

Camilo José Cela se convirtió en senador por designación real tras una llamada del propio rey Juan Carlos I anunciándole sus intenciones. No resulta rara la elección de mi padre, monárquico fervoroso, pero el rey llamó también a algún que otro antiguo republicano, como Justino Azcárate, y el grupo de senadores de designación real acabó siendo un cajón de sastre tan distinguido como equilibrado. Lo malo es que, ¡ay!, la monotonía de las sesiones, dedicadas a asuntos tan interesantes como los precios de los fletes marítimos o las competencias de los ayuntamientos en materias de aguas públicas, hacía estragos en la capacidad de atención de todos los senadores y, muy especialmente, en la de aquellos cuya vinculación a la política pasaba por la voluntad del rey. Mi padre conserva una fotografía muy divertida de aquellos tiempos, publicada en la revista *Blanco y Negro*, en la que sale CJC bostezando junto a Víctor de la Serna, que se hurga con un dedo en la nariz.

El senador real Camilo José Cela tuvo, pues, sus momentos de evasión, que eran curiosamente perseguidos por Fontán, el presidente del Senado. Una vez el presidente le dirigió la palabra sin que mi padre, en el mejor de sus sueños, contestase. Quizá sea bueno aclarar que CJC, cuando duerme, monta un espectáculo de lo más completo. En vez de limitarse a roncar, como cualquier hijo de vecino, gime, canta, ruge, lloriquea, recita, se lamenta, tose, hipa y murmura, todo al mismo tiempo. Recuerdo una espantosa noche que pasé con él en Barcelona, en el hotel Colón; al no haber cuartos libres tuve que compartir el suyo. Nunca lo hubiera hecho. Terminé tumbado en el recibidor, pero incluso allí me perseguían los efectos sonoros de CJC que, en ese preciso momento, cloqueaba igual que una gallina llamando a sus polluelos. Lo más sorprendente de todo es que, en mitad de uno de sus felices y agitados sueños, es capaz de soltar una larga parrafada sin despertarse en absoluto. Mi madre, que debió averiguar demasiado tarde cuáles eran las costumbres nocturnas de CJC, apuntaba a veces esos improvisados discursos, pero dejó de hacerlo cuando se dio cuenta de que nadie iba a creerse que fueran auténticos. Uno de los más famosos tiene ya bastantes años; corresponde a los primeros tiempos de la casa de mis padres en La Bonanova. En medio de una noche de verano en la que, entre el calor y los grillos, Charo se había desvelado, CJC, de pronto, completamente dormido, se dio la vuelta y dijo con voz clara y nítida:

—Eso viene mismamente de que la criaturita tomó escabeche en malas condiciones.

El que Césareo Rodríguez Aguilera haya publicado alguna que otra vez la historia me anima a incluirla aquí. El testimonio de los jueces ilustres ayuda siempre a que le crean a uno.

Pero estábamos en el momento en que el presidente del Senado había sorprendido a CJC echando una cabezada. Las siestas diurnas de mi padre no son tan escandalosas como sus representaciones de por la noche pero, aun así, debieron bastar para que tuvieran que llamarle la atención. Decía antes que mi padre no se dio por aludido a la primera de cambio. Al dirigirse Fontán de nuevo a él, mi padre se despertó de pronto y entonces el presidente se vio en la obligación de reñirle:

—El senador Cela estaba dormido...

CJC contestó de inmediato; a su rapidez de reflejos proverbial no le afecta demasiado el sueño.

—No, señor presidente, no estaba dormido. Estaba durmiendo.

—Pero eso es lo mismo.

—No, señor presidente. No es lo mismo estar jo-
dido que estar jodiendo.

El episodio se eliminó, por desgracia, del diario de
sesiones, aludiendo motivos de supuesta decencia. Es
una lástima, porque el argumento no tenía vuelta de
hoja y contiene uno de los muy escasos ejemplos del
parlamentarismo a la antigua, es decir, del de antes de
la culiparlancia.

Pero los resultados más tangibles del paso de CJC
por el Senado son, sin lugar a dudas, los de sus enmiendas a la constitución que, por aquella época, se estaba
redactando. El académico intentó que la carta magna
fuera lo más respetuosa posible con la lengua española
aunque, por desgracia, las virtudes del consenso entre
los mayores partidos políticos dieron al traste con muchas de sus buenas intenciones. Consiguió, por lo menos, que se dejara de llamar «gualda» al color amarillo
de la bandera, con lo que se eliminaba la servidumbre
impuesta por la rima de una zarzuela. También rompió una lanza en favor de la condición femenina cuando,
al citarse el orden sucesorio de la Corona, pidió que
se dijera mujer en lugar de hembra, porque lo contrario de hembra no es varón, sino macho. Un senador
se opuso con el argumento de que siempre se había dicho varón y hembra; quizá no había entendido aún que
al hacer una constitución lo que se buscaba era, precisamente, cambiar alguna que otra cosa.

EPILOGO, A LA POSTRE, CASI VERGONZANTE

Llega la hora de terminar estas páginas y me doy cuenta de que he dejado fuera de ellas algunos episodios de la vida y del carácter de CJC que merecerían de sobras figurar en cualquiera de sus biografías. No he contado casi nada, por ejemplo, de los fervores y los odios de mi padre, ni de su teoría acerca de la familia, ni de su reacción al nacer, va para dos meses, su primer y único nieto y enterarse de que se trataba de una niña.

El episodio que echará más en falta el lector puede que sea el de las aventuras sentimentales de Camilo José Cela, tan aireadas últimamente. Algún que otro periódico, a falta de mayores noticias, ha puesto el grito en el cielo de la notoriedad advirtiendo de los amores del académico. Lo cierto es que CJC ha sido siempre de natural enamoradizo y sus aventuras nunca faltaron; ¿a qué viene el apenas haberlas llegado a sugerir?

Hay varios motivos. El primero, y más evidente, es que los asuntos propios de los órganos de casquería (corazón, riñones, bazo) se han tenido siempre en nuestra familia por muy íntimos y del todo dignos de permanecer así. Tampoco hay que olvidar el hecho crucial de que la pluma de CJC es del todo inmune a los suspiros, éxtasis, sollozos y pucheros que suelen acompañar por lo general a las situaciones, más o menos transitorias, de enamoramiento. El escritor está suficientemente prendado de su propia obra literaria como para permitir ingerencias extrañas en ella.

Podría pensarse que la discreción ha sido la responsable de cada uno de los múltiples velos que he llegado a correr, pero tampoco es ésa la razón de todas las ausencias: no he dicho nada, por ejemplo, de temas tan asépticos como las aventuras periodísticas recientes de CJC, ni de su aversión hacia los premios literarios (se trata de aspectos del dominio público), pero tampoco he insistido demasiado acerca de sus escasas aficiones deportivas, ni sobre su amor a Galicia y Mallorca o a sus amigos gallegos y mallorquines. La fundación Camilo José Cela, que es el proyecto al que dedica ahora sus mayores ilusiones, ni se ha visto siquiera mencionada. ¡Menudo final para un libro que se pretende exacto y veraz!

Pero, pensándolo bien, no podía ser de otra manera. La riqueza vital de CJC impondría límites absurdos a cualquier libro exhaustivo; su manera de ser lo transformaría además, muy deprisa, en una crónica parcial y, por tanto, mentirosa. CJC, al igual que las líneas fractales, es capaz de enseñar nuevos recovecos y ofrecer a la vista rincones ocultos a medida que se va ampliando la escala con que se le acecha.

Es mejor dejar esta crónica aquí, como una sinfonía inacabada, y dejar abierta la posibilidad de que el lector, por cuenta propia, vaya añadiendo todos aquellos detalles que pudieran echarse en falta. Cualquiera está autorizado a añadir, de su puño y letra, lo que le parezca, porque todo nuevo episodio, todo rumor, toda anécdota, por disparatados que parezcan, podrían acabar siendo finalmente ciertos. Con CJC no vale el sen-

tar unas reglas, unas fórmulas matemáticas que nos sir-
van para separar del todo lo verídico de lo falso. Porque lo único que resulta absolutamente verdadero en
un escritor son sus libros. Y Camilo José Cela, mi padre, es, sin lugar a dudas, uno de los personajes mejor
logrados de toda su larga y fecunda carrera literaria.

Son Buit, junio de 1989

APENDICE DOCUMENTAL

Madrid, 11 de junio de 1946.

Iltmo. Sr. D. Pedro Rocamora.
Director General de Propaganda.

Querido Rocamora:
He tenido un pequeño incidente en censura, con motivo de una novela de D. Camilo José Cela, titulada "La familia de Pascual Duarte", que, en su cuarta edición, lleva un prólogo del Dr. Marañón. Me figuro que esta novela se ha publicado con la debida autorización. Por si te es de alguna utilidad, te diré que el protagonista describe el adulterio de su madre y el de su propia mujer, la vida de prostitución de su hermana, la escena en que viola a una chica de su pueblo en el cementerio y sobre la tumba en que acaba de ser enterrado su hermano (fruto adulterino de los amores de su madre antes aludidos) y todo ello lo hace "con tan brutal crudeza" (la frase no es mía sino de la referencia bibliográfica publicada en el número 140 de ECCLESIA), que sinceramente te confieso que por mi parte lo considero en absoluto intolerable. Si necesitas la novela, la tengo a tu disposición. Por cierto que me costó cuarenta pesetas.
Un abrazo,

Tomás Cerro.

MC.

EL DIRECTOR GENERAL DE PROPAGANDA

Madrid, 19 de Junio de 1.946

Iltmo. Sr. D. Tomas Cerro
Director General de Prensa
P l a z a

Querido Tomás: Contesto a tu carta del 11 del cte. sobre la novela de Camilo José Cela, titulada "LA FAMILIA DE PASCUAL DUARTE".

Camilo José Cela me parece un hombre anormal. Tengo la satisfacción de haberle suspendido en derecho civil. Su novela me la leí el otro día a la vuelta de Barcelona, en las dos horas que duró el viaje en avión. Después de llegar a mi casa me sentí enfermo y con un malestar físico inexplicable. Mi familia lo atribuía al avión, pero yo estoy convencido que tenía la culpa Cela. Realmente es una novela que predispone inevitablemente a la nausea.

Esta novela fué autorizada antes de llegar aquí yo; la única novela que ha intentado publicar el genial Sr. Cela siendo yo Director General, he tenido la enorme satisfacción de prohibírsela. Creo que en peñas y cafés enseña alegremente la hoja de censura en que consta esta prohibición.

Te envía un fuerte abrazo.

Firmado: Pedro Rocamora.

tas de los censores a propósito de *La familia de Pascual Duarte* y *La colmena*.

Conversaciones Poéticas de For~

Circular n.º 12
Asunto: Nómina y d~

Palma de Mallorca, 26 de mayo de 1959.
Sr. D.

Distinguido señor:
El rol de los poetas e intelectuales asistentes a las Conversaciones que ayer se clau~ ordenados por su lengua y el abecé y cada uno con sus correspondientes señas, es el si~

De lengua castellana

Vicente Aleixandre. Velintonia, 3. Parque Metropolitano. Madrid.
Dámaso Alonso. Colonia del Zarzal, s/n. Chamartín de la Rosa. Madrid.
José Luis Aranguren. Velázquez, 25. Madrid.
Carlos Barral. Provenza, 219. Barcelona.
Carlos Bousoño. Plaza de los Reyes Magos, 10. Madrid.
José Luis Cano. Avenida de los Toreros, 51. Madrid.
Gabriel Celaya. Nieremberg, 21. Madrid.
Gerardo Diego. Covarrubias, 9. Madrid.
Amparo Gastón. Nieremberg, 21. Madrid.
José Agustín Goytisolo. Balmes, 349. Barcelona.
Jaime Gil de Biedma. Aragón, 314. Barcelona.
José Hierro. Santa Juliana, 54. Madrid.
Blas de Otero. Vía Layetana, 158. Barcelona.
Dionisio Ridruejo. Ibiza, 33. Madrid.
Rafael Santos Torroella. Muntaner, 448. Barcelona.
Luis Felipe Vivanco. Reina Victoria, 60. Madrid.

De lengua castellana residentes en la isla

Camilo José Cela. José Villalonga, 87. Palma.
Eliseo Feijoo. Aníbal, 55. Palma.
José María Forteza. Reina María Cristina, 47. Palma.
Rafael Jaume. Son Nadalet. Palma.
Lorenzo Villalonga. Estudio General, 25. Palma.

De lengua catalana

Clementina Arderiu. Avenida de la República Argentina, 163. Barcelona.
Blai Bonet. San Ignacio, 23. Vilasar de Mar. Barcelona.
Josep M.ª Espinás. Aragón, 140. Barcelona.
J. V. Foix. Setantí, 5. Barcelona.
Joan Fuster. San José, 10. Sueca. Valencia.
Carles Riba. Avenida de la República Argentina, 163. Barcelona.
Marià Villangómez. Ignacio Riquer, 23. Ibiza.

De lengua catalana residentes en la isla

Miquel Bauzá. Felanitx.
Baltasar Coll. Convictorio. Seminario, 6. Palma.
Miquel Forteza. San Bartolomé, 17. Palma.
Miquel Gayá. José A. Clavé, 50. Palma.
Josep M.ª Llompart. Lorenzo Riber, 40. Palma.
Francesc de B. Moll. Plaza de España, 86. Palma.
Llorenç Moyá. Pedro de Alcántara Peña, 24. Palma.

Lista de invitados a las Jornadas Poéticas de Formentor.

Josep M.ª Palau. Agua, 3. Palma.
Joan Pons i Marqués. San Sebastián, 10. Palma.
Manuel Sanchis Guarner. Plaza de San Antonio, 31. Palma.
Bernat Vidal i Tomas. Santanyí.
Llorenç Vidal. Plaza de la Lonja, 14. Palma.

De lengua gallega

Celso Emilio Ferreiro. Gil, 4. Vigo.
Aquilino Iglesia Alvariño. Eduardo Pondal, 13. Santiago de Compostela.

De lengua francesa

François Bondy. 38, rue Dr. Blanche. París.
Yves Bonnefoy. 63, rue Lepic. París.

De lengua inglesa

Keith Baines.
Robert Graves. Ca N'Alluny. Deyá. Mallorca.
Anthony Kerrigan. Dos de Mayo, 21. Palma.
Alastair Reid. 86, Horatio St. New York.

De lengua alemana

Kaete Moslé. Ca'n Catalina. Portals Nous. Mallorca. (Dirección provisional).
Albert Theile. Unterägeri. Zug. Suiza.
Gerda Theile-Bruhns. Unterägeri. Zug. Suiza.

Enviaron su mensaje los poetas Manuel Altolaguirre. Thaltetilpa, 13. San Lucas. Coyoacán. México; Luis Cernuda. Tres Cruces, 11. Coyoacán. México; León Felipe. Miguel Schultz, 73. México, y Ezra Pound, Albergo Grande. Rapallo. Italia.

Excusaron su asistencia los poetas e intelectuales que se expresan: Ingeborg Bachmann, Guillem Colom, René Char, Miquel Dolç, T. S. Elliot, Pierre Emmanuel, José García Nieto, Vicente Gaos, Ramón González-Alegre, Jorge Guillén, Günther Grass, Edwin Honig, Pedro Laín Entralgo, José Antonio Muñoz Rojas, Leopoldo Panero, Juan Rof Carballo, Luis Rosales y Jaime Vidal.

Los servicios de Información y Prensa estuvieron atendidos por Eugenio Suárez, director de la revista *Sábado Gráfico*, Sagasta, 23. Madrid. Estuvieron presentes los siguientes periodistas:

Carmen Castro, por *ABC*, de Madrid.

Gabriel Fuster Mayans, *Gafim*, por *Baleares*, de Palma.

Juan Ramón Masoliver, por *La Vanguardia* y *Destino*, de Barcelona.

Agustín Palmer, por *La Última Hora*, de Palma y *Diario de Barcelona*.

Baltasar Porcel Pujol, *Odín*, por *Baleares*, de Palma.

Guillermo Sureda, por *Diario de Mallorca* y *La Hoja del Lunes*, de Palma.

Y fueron no escasos los poetas que, en generosa y loable función de cronistas, enviaron sus cuartillas a las más diversas publicaciones.

Durante las Conversaciones se expusieron unos cuadros de Salvador Soria y Monjalés, y unas formas abstractas de Andrés Alfaro, todos del Grupo Parpalló, de Valencia.

Sólo me resta añadirle que nuestro anfitrión fue Bartolomé Buadas.

Suya affma.,

Mabel Dodero, Secretaria

Página manuscrita de *Judíos, moros y cristianos*. Una de las plumas que usa CJ
idea de la escala.

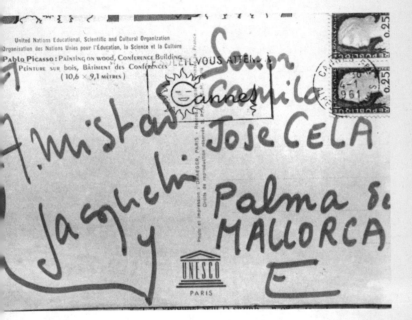

... e mucho de la integridad de los carteros el que ésta y las dos siguientes cartas de
... asso llegasen finalmente a su destinatario.

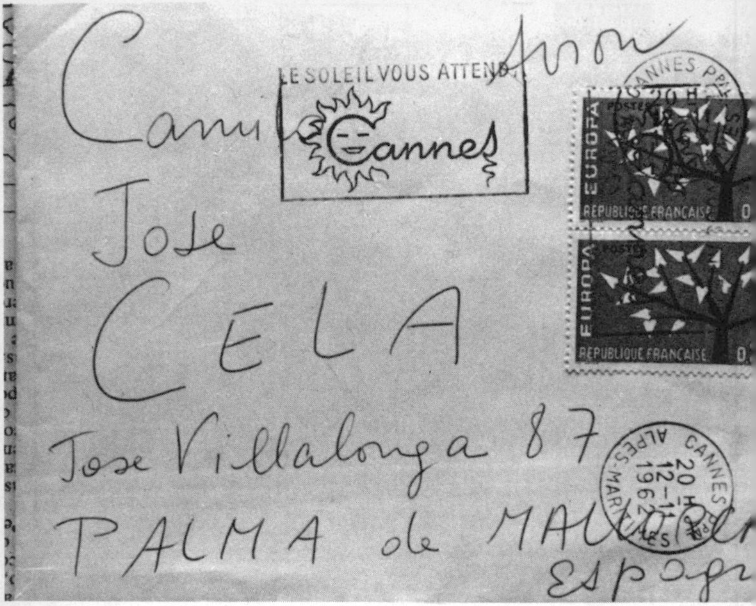
Avion
LE SOLEIL VOUS ATTEND
Cannes
Camilo
Jose
CELA
Jose Villalonga 87
PALMA de
EUROPA
REPUBLIQUE FRANCAISE
CANNES
ALPES-MARITIMES

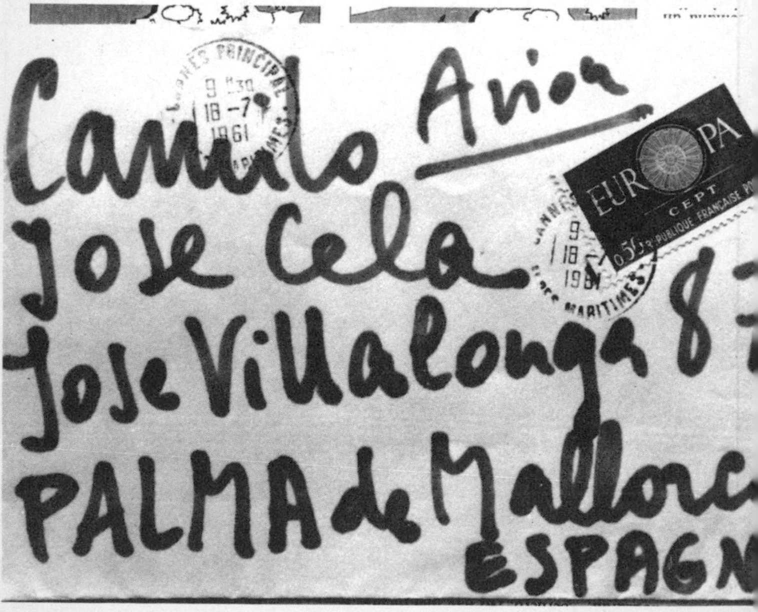
Camilo Avion
Jose Cela
Jose Villalonga
PALMA de
CANNES PRINCIPAL
18-7 1961
EUROPA
CEPT
REPUBLIQUE FRANÇAISE

TIMBRE
DEL ESTADO

8ª CLASE

PTAS 20
VEINTE PESETAS

0 052 120 ✳

-------- NUMERO CUARENTA Y UNO --------------

En la villa de La Puebla, distrito notarial de In

ca, provincia de Baleares, día veintitrés de Enero/

de mil novecientos cincuenta y ocho. --------------

Ante mí, Damián Vidal Burdils, Abogado y Notario/

de los Ilustres Colegios de este territorio, con re

sidencia en dicha villa, comparece D. Jaime Gelabert

Martorell, mayor de edad, casado, Abogado, de esta/

vecindad y domiciliado Mayor 50; y me requiere para

que levante acta de presencia, asistiendo a la cena

que va a celebrarse esta noche en honor del Excmo./

Sr. Académico D. Camilo José Cela en el "Bar Restau

rant Riera" de esta villa, de las incidencias que /

interesen al señor requirente. ----------------------

Yo, el Notario, acepto el requerimiento y practi-

caré la diligencia que se me interesa. ------------

Al señor requirente instruyo de su derecho a leer

por sí mismo esta acta; renunciándolo, se la leo //

es, probablemente, la única acta notarial que existe en el mundo dando fe de haber
nido rata.

yo; y enterado de su contenido, la ratifica y firma

conmigo, el Notario, que de todo lo consignado doy/

fe.= Jaime Gelabert.= Signado; Damián Vidal = Rubri

cados. ---

------------------- Diligencia ----------------------

En su virtud, siendo las diez horas y veinte minu

tos del citado día, me constituyo en el mencionado/

"Bar Restaurante Riera"; y en íntimo homenaje al Sr.

Cela, se sientan a la mesa del comedor de dicho / /

acreditado establecimiento, el homenajeado y los si

guientes señores: El Ilmo. Sr. D. Ignacio Summers /

Isern, el Ilmo. Sr. D. Fernando Dodero Pérez, el //

Ilmo. Sr. D. Luis Vicén Rufas, D. Antonio Trillo Ur

quiza, D. José Balaguer Alonso, D. Miguel Jaume Pla

nes, D. Guillermo Llompart de la Peña, D. Rafael Ra

mis Ramis, D. Antonio Rotger Mateu, el requirente /

D. Jaime Gelabert Martorell y el infrascrito Nota-/

rio. ---

Transcurre la cena en franca simpatía al Sr. Cela

y en animada camaradería, sirviéndose el plato típi

co de esta villa llamado vulgarmente "espinagada" y

el también típico mallorquín "porcella rostida",muy

celebrados por los comensales. El Excmo. Sr. Cela /

tiene la alta delicadeza de comer el plato más típi
co y tradicional de esta comarca poblense, o sea el
de "rata de campo", guisado por el Sr. Riera, que /
el homenajeado traga con verdadera fruición, hacien
do grandes elogios de lo que significa, según el es
critor Sr. Cela, una gran pieza culinaria de la cocina payesa de esta Isla. Hago constar que el hecho
realizado por el Sr. Cela se estima por los concu-/
rrentes como un tanto heroico, ya que es notoria la
aprensión de varios de los concurrentes al ágape, /
especialmente la de los señores Dodero y Trillo; pe
ro al mismo tiempo la degustación realizada por el/
tan repetido Excmo. D. Camilo José Cela se conside-
ra por los residentes de esta villa, como un delica
do homenaje del homenajeado, a la tradición y a los
ancestrales sentimientos de los poblenses. --------

   Y no interesando al requirente Sr. Gelabert cons-
ten otros extremos referentes a dicha cena homenaje,
cierro la presente acta que después de leída por mí,
el Notario, a los concurrentes, la aprueban y firman
todos conmigo, que de todo lo consignado en ella, /
doy fe.= Camilo José Cela = Igno.Summers = Fernando
Dodero Pérez = Luis Vicén = Antonio Trillo = J Bala

guer = Miguel Jaume = G Llompart = Rafael Ramis = /

Ant. Rotger = Jaime Gelabert = Signado: Damián Vi-/

dal = Rubricados. ------------------------------------

==========================

Es copia de la matriz número cuarenta y uno del /

protocolo de esta Notaría correspondiente al año mil

novecientos cincuenta y ocno; y la expido para el /

Excmo. Sr. D. Camilo José Cela, en este pliego de /

la clase 8ª, número 0.052,120 . La Puebla, día die-

cinueve de Noviembre de mil novecientos cincuenta y

nueve.

INDICE ONOMASTICO